清朝真的很有事

覃仕勇——著

自序

大清王朝是一個非常奇特的王朝。

首先，大清朝代替大明王朝完成對中國的統治是撿了歷史發展階段上的一個大漏。

其次，大清朝代替大明王朝其實是落後接替了先進、野蠻更替了文明的歷史倒退。

再次，大清王朝實現了以少數民族統治占絕大多數的漢民族和其他蒙藏回中國各族人民的奇跡。

最後，大清王朝也是中國歷史上的最後一個封建王朝。

關於大明王朝的滅亡，按照傳統史學的觀點，那是統治階層已經腐敗不堪、國家機器已經嚴重僵化、國內土地高度兼併，民不聊生，最終導致的必然崩潰。

事實呢，卻並非如此。

大明王朝的內閣機制已經成型，到了後期，皇權弱化，國家權力主要掌握在文臣集團手裡，即使如嘉靖、萬曆十年、數十年不上朝，國家機器仍照常運轉，在文臣的打理下，各種政務井井有條，各種工作開展得有條不紊；而且，農業、商業、手工業發展迅速，經濟發展已呈現了資本主義萌芽狀態，生機勃勃。

但是，很不幸，大明王朝遭遇上了「小冰河期」（Little Ice Age）。

中國歷史上一共遭遇過四小冰河期。第一次小冰河期發生在殷商末期到西周初年；第二次小冰河期是在東漢末年、三國、西晉時期；第三次小冰河期是在唐末、五代、北宋初；第四次小冰河期就是明末這一次。

小冰河期的氣溫劇降，造成北方乾旱，糧食大量減產，從而形成長達數十年的社會動盪和戰亂。前三次「小冰河期」都使中國人口銳減超過五分之四，明末最後一次人口僅銳減一半主要得益於美洲傳來的抗旱高產作物土豆、玉米和紅薯，使很多人在飢餓死亡線上渡過了難關。

明朝小冰河時期的降溫過程十分迅猛，從一五〇〇年開始，氣溫劇降，糧食產量劇減，北方的酷寒導致降雨區域普遍南移，全國各地從此災年連連。先是秦晉，後是河洛，繼之齊、魯、吳越、荊楚、三輔，出現了罕見的大旱災。

明朝的崩盤時間是一六四四年，而整個明朝小冰河時期氣溫最低的階段就是一六〇〇年至一六四四年。這段時間，其氣溫驟然下降到了千年以來的最低點，萬年以來的次低點。放在百萬年來算，也是最低的六、七個極度寒冷的時期之一，是人類進入文明時期以來最寒冷時期。

所謂的民不聊生，其實是從這兒開始的。

一句話，社會的動亂，不能完全歸咎於政治的失敗；大明王朝的垮臺，不能完全歸咎於統治階層的失政。

李自成、張獻忠在河北、河南、陝西、山西、山東等地鬧得沸反盈天的時候，大明帝國的江南地區還保持著平穩發展，支撐著大明的財政運行。

大清王朝在李自成剛推翻大明朝統治的節骨眼上入關，實是「天假其便」！

這些女真人生活在關外的白山黑水間，他們遠比關內的漢族人更能適應小冰河期的寒冷生活。

努爾哈赤統一女真部族之前，女真人還生活在接近於刀耕火種的原始社會階層，以獸皮為衣、以魚、鹿等動物之肉為食；努爾哈赤建立後金政權，女真人才從原始社會進化到奴隸社會。也是在努爾哈赤的主

持下，女真人才開始模仿蒙古人創設自己的文字——滿文。落後接替了先進、野蠻更替了文明，作為新的統治階層，滿洲人除了以粗暴強悍的武力來維持其統治地位，更要在精神上、思想上加強統治力度。

比如說，清廷統治者在鼓吹自己「順天應人」方面總是不遺餘力的，甚至還大言不慚地稱大清得天下為歷朝歷代最光明正大者。

以雍正皇帝為代表，其頒行的《大義覺迷錄》曾將漢魏晉唐宋元明貶了個遍，說漢朝是建立在死人堆上的，魏晉唐宋都是欺負孤兒寡婦篡位而來，元呢？元滅宋，那是赤裸裸的強盜行徑；而明本是元之臣民，臣民犯上，雍正憤然罵道：「以綱常倫紀言之，豈能逃篡竊之罪？」對於大清得國，雍正正氣凜然地說：「趕出明之主人者，流賊李自成也。我朝驅逐流寇，應天順人而得天下，是乃捕治強盜，明罰敕法之天吏也。」

實際上，建州女真先世與明朝的臣屬關係從永樂年間一直維持到萬曆年間。按照雍正的邏輯，大清朝代替大明王朝，那是怎麼也逃不過一個「篡」字。

可是，大歷史學家吳晗在《燈下集》中卻談到：「二十五年前，我在北京圖書館讀《明實錄》，抄朝鮮《李朝實錄》，想從這兩部大部頭書裡，找出一些有關建州的史料，寫一本建州史。因為清修明史，把它自己祖先這三百年間的歷史都隱沒了，竄改了，歪曲了，為的是好證明清朝的祖先從來沒有臣屬於明朝，沒有受過明朝的封號，進一步強調建州地區從來不屬於明朝的版圖等等政治企圖。為了達到這個目的，在修四庫全書的時候，把明人有關建州的真實史料都作了一番安排，辦法多種多樣：一種是毀版，禁止流通；一種是把書中有關地方抽掉，弄成殘廢；一種是把有關文字刪去或改寫。推而廣之，連明朝以前

有關女真歷史的著作也連帶遭殃，不是刪節，便是被竄改了。」

清朝官方史料檔案非但銷毀或不錄不利於自己的言論，還禁止私人修史、著史，甚至寫一切與明、清相關的文字。

有清一代，文字獄興起，人民的思想遭受禁錮，萬馬齊喑。

這，也使得大清王朝、尤其是大清王朝前兩百年的歷史諱莫如深，留給後人許多難解的歷史謎團。

本書著力於透過有限的史料，深入淺出地剖析大清朝歷史中那些容易被人誤讀、誤解的事件，以便撥開歷史重重雲霧，將數百年前的歷史風雲返本歸真。

目次

第三章　滿清入關了

第四章　康熙大帝

第五章　雍正大帝

第六章　乾隆大帝

第七章　嘉道咸三朝

第一章　清朝制度特色

大清朝以前的國號叫金？後金？還是大金？

大清朝政權建立自少數民族滿族，這個民族在建國前處於原始落後狀態，沒有屬於自己的文字，所以，其在建立過程中的一些歷史是比較混亂的。別的不說，單說這個國家建立的時間、甚至其國號的制定，時至今日，很多讀者也搞不清。

按照《滿文老檔》的記載：努爾哈赤是在萬曆十五年（一五八七年）六月二十四日正式「定國政」的，不過，所謂國政內容主要體現在立刑法以維護社會秩序和保護奴隸主私有財產上，這個時間，不能算是建國。

《李朝實錄》記：萬曆十七年（一五八九年），努爾哈赤在建州部內「則自中稱王」，單單稱王，應該也不算建國吧？

《李朝實錄》又記：萬曆二十四年（一五九四年），朝鮮南部主簿申忠一出使建州，親耳聽到努爾哈赤部下稱他為「王子」。這，只能進一步印證努爾哈赤稱王的事實。

《滿文老檔》又記：萬曆三十四年（一六〇六年）蒙古喀爾喀等五部尊努爾哈赤為昆都侖汗（漢譯恭敬之意）

真是急死人了，努爾哈赤在這之前到底有沒有建國啊？

的確，翻爛《滿文老檔》，你會發現努爾哈赤已自視有國，但有時稱「金」（《滿文老檔》，太祖卷三，二十八頁），有時又稱「女真滿洲國」（《滿文老檔》，太祖卷三，三十七頁），有時又稱「女真國建州衛」（申忠一：《建州紀程圖記校注》，二十二頁），實在混亂極了。

但更混亂的還在後頭。

這時候的努爾哈赤既公開造反跟大明王朝作對，但他在稱王、稱國的時候，給朝鮮的文件，仍蓋著「建州左衛之印」（申忠一：《建州紀程圖記校注》，二十二頁）。文書上自稱「女真國龍虎將軍」（《李朝實錄》，宣祖卷一四二，十九頁）。

通常，史書給努爾哈赤建國的時間定在萬曆四十四年（一六一六年）正月初一日。

據說，因為這天是新年元旦，皇太極等諸貝勒在酒酣耳熱之際提議給努爾哈赤奉上一個尊號。擇日不如撞日。

說幹就幹。

當日，皇太極作為四貝勒，同他的三個兄弟大貝勒代善、二貝勒阿敏、三貝勒莽古爾泰為首的八旗諸貝勒、大臣，率領眾文武官員，在四面四隅的八處站立，恭恭敬敬地給努爾哈赤獻上了尊號，為：奉天覆育列國英明汗。（事見《滿文老檔》，太祖卷五，六十七、六十八頁）

王在晉的《三朝遼事實錄》的計六奇的《明季北略》都把這一時間定為「大清朝建元」。

可是，這個國家的名稱到底是叫「金」呢，還是叫「大金」呢，又或者是叫「後金」呢，在今天看來，仍是一筆糊塗賬。

《滿文老檔》也並未明確對此做出交待。

合理的推測，當時明朝的國號中「大明」，所以努爾哈赤定國號為「大金」比較靠譜。這與後來皇太極改國號為「大清」的邏輯是一致的。

但誠如上文所述，《滿文老檔》早在太祖卷三的二十八頁上記載有努爾哈赤稱「金」的文字了，所

以，國號應該是叫「金」。

至於「後金」嘛，比較不合理。

歷史上有「後」字國號的也很多，如五代十國中的後樑、後唐、後晉、後漢、後周。但，這梁唐漢晉周的國號原本是沒有這個「後」字的，只是由於這五個朝代之前都曾出現過同樣的國號，為了避免混淆，史學家才在史書上替它們加上的。

順帶說一句，五代十國之後的宋朝，本來也應該加一個「後」字的，只不過，在中國歷史上，這個宋朝的影響力比南北朝時宋裕建立的宋朝大多了，沒必要。

話說回來，努爾哈赤這個「後金」的「後」，絕對不是後來史家加上的，因為，根據《李朝實錄》所記：天命四年（一六一九年）努爾哈赤發行的文件上就赫然蓋著篆寫的「後金天命皇帝」七個字的大印（《李朝實錄》，「光海君日記」，卷一三九，十五頁）。

而從陳登原所著的《國史舊聞》中，可以看到許多文獻和文物上也都名「後金」。

努爾哈赤為什麼要加一個「後」字？

到底是沒文化還怎麼的？不清楚了，反正，大清朝的前國號是應該叫「後金」。

大清朝國號的來由

按照《滿文老檔》太祖卷五的記載，萬曆四十四年（一六一六年）正月初一日，努爾哈赤在兒子的勸說下，以赫圖阿拉為中心，參照蒙古政權、特別是中原漢族政權的範式，在赫圖阿拉（今遼寧新賓）正式稱汗，汗名很長，叫「承奉天命覆育列國英明汗」（簡稱「英明汗」，史稱後金，建元天命）。

這一年努爾哈赤五十八歲，已經吞占了大部分女真部落（除明朝所支持的葉赫部外，其已基本完成女真的統一）。

崇禎八年（一六三五年），繼承努爾哈赤汗位的皇太極組織了第三征伐察哈爾部的軍事行動，獲得林丹汗的兒子額哲率部民一千戶歸降，並獻上傳國玉璽。

這顆印璽從漢朝傳到元朝，元順帝倉皇北逃時沒有忘記將它帶在身上，幾經輾轉，最後到了林丹汗手中。林丹汗一死，額哲就把它獻給了皇太極。

意外得到中原的傳國玉璽，這對後金而言，是一件劃時代的大事。

皇太極驚喜若狂。

他認為這是上天的旨意：他，皇太極，必須做個一統天下的君主！

於是奉璽拜天，告祭太祖福陵。

原本，「汗」即「可汗」的簡稱，為蒙古語，所含的意思就是「王」或「帝」。女真族與蒙古族相鄰，受蒙古文化的影響，努爾哈赤建國即位便稱「汗」。而在明朝人的眼中，「汗」的級別比「帝」差遠了，「汗」就是部落首領，酋長，而「帝」是上天之子，天下的共主。

皇太極曾經和袁崇煥議和，用漢文書寫書信，按自己的理解，理所當然地把「大金國汗」翻譯為「大金國皇帝」寫在信上。袁崇煥看了，眼珠子差點沒掉下來，立刻指責他不該這樣。也許是從這兒開始，皇太極才知道了「帝」與「汗」的區別，也因之有了從「汗」向「帝」轉化的想法。

現在，得到了中原皇帝的傳國玉璽，正是「一統萬年之瑞」，正是改「汗」稱「帝」的最好時機！

不但尊號要改，民族的名稱、國號也要改！

改為什麼呢？

當初努爾哈赤把國號定為「後金」，用意在於表明自己是中國歷史上女真人所建立金朝的後繼者。用「後金」作為國號，既有繼承金國事業之旨，也有團聚女真各部之義。

皇太極覺得自己稱帝，就是天下共主了，級別不但比歷史上的金國高了許多，而且再用金為國號，漢人心理上也不容易接受，於是將「後金」改為「大清」，民族則由「女真」改為「滿洲」。

為什麼叫「大清」呢？

歷史上沒有留下相關文獻，誰也不知道皇太極的真正想法。但幾百年來，人們做過無數種猜想，眾說紛紜，不一而衷。

有人從字音上推測，說「金」與「清」的漢字語音相近。

有人從歷史上妄斷，說以往還沒有叫「大清」的王朝，新鮮，有創意。

有人從陰陽五行加以詮釋，說「明」為「火」，「清」為「水」，水能克火；即大清能克大明。

有人從薩滿文化作解釋，「清」就是「青」，兩字同音，青天通天，吉祥。

有人從民族方面去解釋——皇太極聲明過，他們不是金國的後裔，當然這裡面也包含如果沿用歷史上的「金」為國號，有刺激漢族「以宋為鑒」的禁忌。

有人……。

不管怎麼猜，終究是一個歷史之謎。

崇禎九年（一六三六年）四月十一日，在群臣的擁戴下，皇太極舉行隆重典禮，宣佈即皇帝位，正式改國號「後金」為「大清」，改年號「天聰」為「崇德」。

登位當日，滿洲人代善、蒙古額哲、漢人孔有德捧上了寫著滿、蒙、漢三種文體的表文，以示皇太極是滿洲、蒙古、漢人天下的共主，臣恭上「寬溫仁聖皇帝」的尊號。

得了「皇帝」之稱，皇太極便把「汗」封賜給了外藩蒙古的王公。

其實，清朝皇帝不早朝

當代歷史小說家中，二月河算是個腕兒，他寫的清史系列，比如說《康熙大帝》、《雍正大帝》、《乾隆大帝》等書，不但暢銷，而且翻拍成電視連續劇同樣很火。

但是，個人總覺得裡面描畫的一些清宮場景有些欠妥。

比如說，小說中為了刻畫康、雍、乾三位大帝為了治理國家，宵衣旰食、夙興夜寐，每天早上摸黑起床，催促著太監備轎上朝。於是宮女、太監和侍衛、婢僕手忙腳亂，忙碌開了。

而在午門之外，文武朝臣揉著眼、打著呵欠，在黑暗成一片的晨曦裡，跺著腳，驅趕著冷空氣……許久，有太監拿了一條雞蛋般粗細的大鞭，啪啪啪地抽打空氣，景陽鐘大鳴，大家趕緊抖擻精神，按文左武右的行列，魚貫進入金鑾殿。

這時皇帝也在太監和宮女的簇擁下踱著方步，走到屬於自己的龍椅上，端端正正地接受文武百官的三跪九叩大禮參拜。

一套繁瑣的儀式完畢，太監尖著嗓門大喊一聲：「有本啟奏，無本捲簾退朝！」

於是大小臣工都紛紛依序出列，把自己要處理的事情向皇帝啟奏，靜候皇帝定奪。

這樣的情景，在《康熙大帝》裡面最常見。

在平定三藩和收復臺灣那些橋段裡，就少不了陳道明飾演的康熙大帝在那兒慷慨陳詞，文武大臣互相爭執得臉紅脖子粗……給人的印象，就是這些人天天都在這樣的跪叩和爭吵中渡過。

事實並非如此。

首先，「朝會」即百官朝見天子，其實就跟現在政府高層開會一樣，不可能政府高層天天都開會，而且，這開會都得從五更天起床，一直開到太陽偏西。如果真這樣，整個政府部門都不用辦事了，光在那兒動嘴皮子得了。

所謂「朝會」，《周禮・春官・大宗伯》載：「春見曰朝，夏見曰宗，秋見曰覲，冬見曰遇，時見曰會，殷見曰同。」由於諸侯、百官朝見天子的時間是早晨，故稱之為「朝」。天子接見諸侯、百官的政治目的是詢問地方的治理情況，性質跟今天各級官員向最高部門作「述職報告」差不多。《孟子》載：「諸侯朝天子曰述職，一不朝則貶其爵，二不朝則削其地，三不朝六師移之。」可見「朝會」是一項禮制，雖然必不可少，卻也用不著天天都這樣勞師動眾地舉行。

實際上，清朝並沒有一早就聚集官員站班議事的制度，皇帝的辦公地點也並不在故宮，並且，每個皇帝的辦公地點都不盡相同。

比如說，康熙皇帝的辦公地點設在明代清華園基址上建成的「暢春園」；雍正皇帝的辦公地點則定在圓明園建成的正大光明殿和勤政親賢殿；乾隆皇帝雖然有時也在圓明園辦公，有時會移蹕紫禁城、熱河的承德避暑山莊、孔子的故鄉曲阜等等。

民間所說的「金鑾殿」其實是指北京故宮三大殿中的「太和殿」。這個殿由明成祖建成，初名為「奉天殿」；嘉靖年間更名為「皇極殿」；順治年間改名為「太和殿」。它並不是皇帝上朝處理國政的地方，

而是舉行重大典禮的地方，比如皇帝登基即位、皇帝大婚、冊立皇后、命將出征，此外每年萬壽節、元旦、冬至三大節等等，皇帝才會選擇在這兒接受文武官員的朝賀，並向王公大臣賜宴。此外，其使用次數是很少的。

皇帝辦公，也不需要大小臣工一窩蜂地向自己建議、彙報、提問、請求定奪，如果真這樣，皇帝的頭早就炸裂了。

通常，大權都操持在內閣大臣手中，內閣將政務奏呈給皇帝，由皇帝做些瞭解，有必要的話，皇帝就做些批示，僅此而已。

如果遇到難於決策的重大事件，那麼皇帝就會隨時召見內閣成員，地點並不固定，一般選擇就近原則。真實的歷史，往往和我們想像的並不一樣。

清朝的「頂戴花翎」是啥玩意？

清末民初的大學問家齊如山晚年寫有一本《齊如山回憶錄》，該書根據自己的親身所曆記錄了許多屬於那個獨特年代的見聞，今天讀來，讓人大長見識。

書的開頭，林如山先生追憶了自己少年時參加科舉縣內小考的往事。齊如山先生是直隸省人，他談到，在直隸流傳著一首吟詠科考的民歌，云：

三年一考久曾經，永遠纓冠借不成。
到時仍將氈帽替，糊層紅紙替紅纓。

這首詩是啥意思呢？

原來，清朝有規定，凡是科考，考生必須穿官衣、戴官帽。由於參加科考的人太多了，根本沒那麼多官衣官帽。怎麼辦呢？朝廷就放寬了要求，免了官衣，但一定要戴官帽。官帽容易做，大家都用舊式寬邊氈帽，頂上糊一層紅紙，作為帽纓子，將就著就這麼蒙混過去了。

「到時仍將氈帽替，糊層紅紙替紅纓」，用紅紙糊制官帽的做法著實讓人啼笑皆非。

笑話歸笑話，從這笑話裡，不難看出清朝對於穿戴服飾上的講究和要求是何等的古怪荒誕。

清朝入關定鼎中原，特別看重「華夷之辨」，統治者用血腥手段強令漢族士庶剃頭易服，於順治九年（西元一六五二年）頒行《服色肩輿條例》，廢除了濃厚漢民族色彩的冠冕衣裳，刀劍推行滿族服飾，統一要求男子全部辮垂腦後，穿瘦削的馬蹄袖箭衣、緊襪、深統靴。

儘管清朝對服飾的要求和考究號稱中國歷史上最繁瑣、最豐富，但從審美的角度上說，實在讓人不敢恭維。

比如上面提到的官帽，就很難看。

清朝的官帽分兩種，一種是夏天戴的涼帽，圓錐型，呈斗笠狀，俗稱喇叭式，材料多為藤、篾席製成；一種是冬天戴的暖帽，元寶型，蒸籠狀，宛如騷鼠，材料為緞布及動物皮毛。

這兩種帽，無論哪一種，戴在頭上都讓人看上去覺得不倫不類，顯得滑稽古怪。

為了加強其美感，清朝統治者也曾經在做工和用料上猛下心思，並層層增加各種各樣的裝飾品。比如說，用藤和篾席製成的涼帽，就精心地在帽表裏以羅絹，外罩白布，帽身覆上織網，紅紗綢裡，黑地織金

包緣，緣上裝上黑帶圓邊，上綴朱緯，朱緯以紅絲織成，以紅線縫在帽冠上，帽前緣縫飾配上東珠一顆，帽頂綴紅纓頂珠。頂珠按照官員品級高低配用紅寶石、珊瑚、藍寶石、青金石、水晶、硨磲、素金等物；而暖帽則取材於貂鼠、海獺、狐狼等等，中間裝上以紅絲織成朱緯，外罩黑布及圍上青絨，帽胎兩側縫上繫帶，帽前緣同樣縫飾配上東珠一顆，帽頂同樣裝上紅、藍、白、金等色寶石頂珠。

特別值得說明的是，這兩種帽子，都在頂珠下面吊上一根由白玉或翡翠製作成的空心翎管。這根空心翎用來幹嘛的呢？

安插翎枝。

翎枝又分花翎、藍翎兩種。

頂珠加花翎，就稱「頂戴花翎」。

花翎為孔雀羽所做，分一眼，二眼，三眼。這「眼」，指的是孔雀翎上的眼狀的圓花紋，一個圓圈就算做一眼。官員所戴花翎上翎眼的多寡標誌著官員的等級高低，其中三眼等級最高。

在清朝初期，皇室成員中的親王、郡王、貝勒的貝子和固倫額附（即皇后所生公主的丈夫），有資格享戴三眼花翎；清朝宗室和藩部中被封為鎮國公或輔國公的親貴、和碩額附（即妃嬪所生公主的丈夫），有資格享戴二眼花翎；五品以上的內大臣、前鋒營和護軍營的各統領、參領（擔任這些職務的人必須是滿洲鑲黃旗、正黃旗、正白旗這上三旗出身），有資格享戴單眼花翎，而外臣無賜花翎者。

由此可知，花翎是清朝居高位的王公貴族特有的冠飾標誌。

而且，即使在宗藩內部，有資格享戴花翎的親貴們也不是一生下來就可以享戴的，他們要在十歲時參加必須的騎、射兩項考試，合格後才能頂戴（不過，後來隨著花翎賞賜漸多，這項制度就漸漸取消了）

花翎賞賜於外臣，始於康熙朝。

康熙朝的福建提督施琅平定了臺灣，被康熙詔封靖海侯，子孫世襲，賞御袍得珍貴之物。

施琅卻上疏辭侯。他說，皇上，我不要封侯，也不要賞賜，就只要一支花翎。

用侯爵來換取一枝花翎，可知這枝花翎的珍貴程度。

施琅此請，招致大臣議論紛紛。

大臣都說施琅膽大妄為、有違祖制，不應特開此恩。

可是康熙為了籠絡人心，猶豫再三，終於同意賜施琅戴花翎。

到了乾隆朝，乾隆帝將祖父的收買政策發揚光大，明確下詔，不但上述親貴大臣可以戴用，如有顯赫軍功者也可以戴用。

話說回來，乾隆皇帝是放寬了條件，但賜給臣下的花翎還是非常審慎的，乾隆至清末被賜三眼花翎的大臣只有傅恒、福康安、和琳、長齡、禧恩、李鴻章、徐桐七人，被賜雙眼花翎的約二十餘人，得賞者，都稱得上得到了至尊至榮的恩寵。

清朝爵位中最為顯貴的親王、郡王、貝勒在清初是不戴花翎的，到了乾隆年間，因為其中許多人兼任了內大臣，於是，親王、郡王、貝勒也開始佩戴三眼花翎。

內廷王、御前大臣、領侍衛內大臣、直省將軍、內大臣等以及領侍衛府官、滿員（滿族官員）五品以上也冠戴孔雀花翎。

六品以下者只能戴褐羽藍翎。

藍翎為鶡羽所做，染成藍色，無眼，俗稱「野雞翎子」。

藍翎除了賜予在皇宮和王府當差的六品以下侍衛官員外，也可以賞賜建有軍功的低級軍官。道光朝的花翎賞賜範圍逐漸擴大，各方面對國家有功之人均可賞戴花翎。

比如說，道光二十八年（一八四八年），因修皇族的族譜「玉牒」造成，提調官增慶就得此奏賞花翎，由此先開軍功之外的「別項勞績保翎」例。

該例一開，其他諸如皇上山陵奉字、海運事宜、勸捐、抽厘之類，都相率保薦花翎。

甚至在第一次鴉片戰爭後，因國庫空虛，又出現了捐翎的例制，廣東行商伍榮耀、潘仕成就因各捐十數萬金得賞戴花翎，光宗耀祖，榮幸一時。

捐例從此一發不可收拾——只要有錢，就可以買到花翎戴。

道光朝的大致價碼是：花翎每枝實銀一萬兩，藍翎五千兩。

到了咸豐朝，價碼降為：花翎每枝七千兩，藍翎四千兩。

而到後來，每枝花翎僅用二百元就可以捐到，戴花翎者，大街小巷遍地走，花翎制宣告沒落，大清王朝也就走到了盡頭。

說說清朝的「鐵帽子王」

什麼是「鐵帽子王」？

「鐵帽子王」是權力腐敗的一個集中表現。

有記者曾專門就此採訪了中國人大代表、知名作家二月河。

二月河是名聞天下的歷史小說作家，其作品《雍正皇帝》問世後曾榮獲河南省政府文學大獎，並被改

編成電視連續劇，電視劇在開播期間轟動海內外。此外，《康熙大帝》、《乾隆皇帝》等作品所造成的效應也轟動一時，其本人稱得上學識淵博的史學家和文學家。

二月河對「鐵帽子王」的解釋是這樣的：鐵帽子王這個詞，就在清代有。在清代之前不叫鐵帽子王，叫鐵卷，皇帝賞賜給大臣，可以免死幾次，子孫可以免死幾次。就是說犯了法，是可以赦免的。在清代，立功、功勞比較大的王爺，就是鐵帽子王，無論發生什麼事情，即使本人犯了死罪，也不影響家族，帽子是鐵的，那麼你這個職務也可能給你撤了，你本人也可能獲罪。

從二月河的解釋不難看出，所謂「鐵帽子王」，其實是一種民間俗稱，非官方說法，這裡面的「鐵」跟現在人們常說的「鐵飯碗」裡的「鐵」意思差不多，比喻那頂封王封爵的「王冠」有如鋼鐵鑄就，摔不爛打不碎，代代相傳，「就是說犯了法，是可以赦免的」、「即使本人犯了死罪，也不影響家族」，可以由家族裡的其他人繼續戴下去。

可見，「鐵帽子王」是一個封爵極高、地位極顯的權貴群體，他們不僅位高權重，而且世襲罔替，形成了一個腐朽墮落的既得利益集團，依仗權勢，把持朝政，因循守舊，阻撓改革，對國家政治和社會造成了極大消極影響，這，就是封建王朝終歸走向腐朽沒落的原因之一。

那麼，在清朝，曾經都有哪些人得封為「鐵帽子王」呢？這個群體的人數多不多呢？

鐵帽子王的書面專用語是「世襲罔替，配享太廟」，其規制發端於清初，定制於乾隆。

在清初，有八位皇親宗室憑藉赫赫戰功獲得了永久封爵，即「世襲罔替」，爵位一輩傳一輩，不降不除。如果因事被革除爵位，可由本家其他子孫繼承。本家假若無人，還可以由旁支子孫襲封。

這八位皇親宗室中，除了濟爾哈朗是清太祖努爾哈赤的侄子外，其他全都是努爾哈赤的龍子龍孫，世

稱「八大鐵帽子王」。

「八大鐵帽子王」裡面，有三個是努爾哈赤次子代善家的。

代善家到底立了哪些蓋世大功一下子就獲得了「八大鐵帽子王」裡接近一半的席位呢？

下面就以代善為例，說說這「鐵帽子王」的得封來之不易。

代善和長兄褚英都是努爾哈赤的元妃（原配髮妻）佟佳·哈哈納箚青所生，代善十五六歲時就跟隨父汗努爾哈赤從征哈達、輝發、葉赫等國，參與了統一女真全部戰役，獲「古英巴圖魯」美號。「古英」乃滿文音譯，意為「刀把頂上鑲釘的帽子鐵」，巴圖魯則為滿語中「勇將」之意。由此可見，代善的戰功是很高的。

在汗之嗣子大阿哥褚英被罷政以後，代善為四大貝勒之首，擁有八旗中的正紅旗、鑲紅旗二旗。努爾哈赤一度明令代善代政，說：「等我百年之後，我的諸幼子和大福晉交給大阿哥（指代善）收養。」雖說在天命五年（一六二〇年）努爾哈赤又廢除了代善的嗣位，但天命十一年（一六二六年）努爾哈赤駕崩時，代善的威望還是很高的，是有資格爭奪汗位的。

當時，四大貝勒代善、阿敏、莽古爾泰和皇太極都手握重兵，虎視眈眈、覬覦著汗位。

而最有可能成為汗位繼承人的是代善和皇太極兩人。

代善雖然作戰勇猛、戰功赫赫，但在文韜武略、治國才能等方面遠遜於皇太極。

就在雙方劍拔弩張之際，代善的兩個兒子岳託、薩哈廉向父親進言說：「國不可一日無君，宜早定大計，四貝勒（皇太極）才德冠世，深契先帝聖心，眾皆悅服，應速即大位。」

代善經過一番艱難的思想鬥爭後，接受了兩個兒子的意見，放棄了競爭，並說服了眾大、小貝勒，共

同把皇太極抬到城內西北角太祖靈前推舉皇太極登位。

皇太極登上後金國汗寶座後的第十年，改國號為大清，改「天聰汗」為「崇德皇帝」，設立了「鐵帽子王」，一口氣封了代善家三個「鐵帽子王」：代善為禮親王，岳託為成親王，薩哈廉為穎親王。

同在崇德元年得封為「鐵帽子王」的一共有七個，除了代善父子三個後，還有努爾哈赤十四子多爾袞，封睿親王；努爾哈赤十五子多鐸，封豫親王；皇太極長子豪格，封肅親王；努爾哈赤之弟舒爾哈齊第六子濟爾哈朗，封鄭親王。

第八個「鐵帽子王」的是皇太極第五子碩塞，其於順治元年被封為承澤郡王。順治八年以功晉親王。碩塞長子博果鐸於順治十二年（一六五五）襲爵，改號為莊。從此以後均以莊親王承襲。封承澤裕親王。

除了這八位因戰功得封為「世襲罔替」的「八大鐵帽子王」外，還有因皇帝特殊照顧被封為親王的四人，屬於恩封，是清代中後期在穩固朝政方面作出大貢獻而受封的。他們分別是康熙的第十三子允祥，被雍正封為和碩怡親王；道光第六子奕訢，被咸豐封為恭親王；道光的第七子奕譞，被咸豐封為醇親王；乾隆十七子永璘之孫奕劻，被慈禧封為慶親王。

這四人與「八大鐵帽子王」合稱「十二大鐵帽子王」。

雖然清朝統治者口口聲聲稱這十二家王爺的王爵「世襲罔替」，但也並不真是「世襲罔替」。

歷史上「鐵帽子」王自身因罪被處理的例子比比皆是。

比如說，「鐵帽子王」薩哈廉的兒子、郡王阿達禮曾在皇太極死後祕密向多爾袞勸進，結果被以「叛逆和擾亂國政罪」處死。

另一個「鐵帽子王」豪格在入關追擊李自成、下江南滅南明的過程中勞苦功高，最後卻被多爾袞誣陷

下獄，不但將其「鐵帽子王」削除，還將之活活擊殺在牢獄之中。

然而，讓多爾袞萬萬沒有想到的是，他的下場比豪格更慘。順治七年十二月，多爾袞在古北口打獵墜馬，傷重，不日身亡。多爾袞生前威福自操、獨攬權柄，早已引起群臣不滿，他這一死，馬上遭到了清算，被追論為「逆謀」大罪，削去「鐵帽子王」，黜除宗室，籍沒所有家產，還被挖墳掘墓，焚骨揚灰。

鑒於清初所封的「八大鐵帽子王」的種種慘烈下場，到了清朝中葉，乾隆皇帝進行了重新審定，著力於繼絕昭屈，恢復了禮、睿、肅、鄭、豫等全部「八大鐵帽子王」王號，聲稱要使其後世子孫得以承繼福蔭。

饒是這樣，「鐵帽子王」被削之事在乾隆之後還是時有出現。

比如說，同治年間，就有世襲的鄭親王端華、世襲的怡親王載垣因罪被賜自盡，兩個「世襲罔替」的親王王爵被削。

而特別值得一提的是，被稱為「最後一個鐵帽子王」的慶親王奕劻因在辛亥革命爆發後上奏啟用袁世凱，此舉，被清朝親貴遺老目為「賊子」。慶親王的王爵只保有一代，因為，清朝在辛亥革命後很快就滅亡了。

此外，還有一個充滿傳奇色彩的所謂「鐵帽子王」——僧格林沁，此人是成吉思汗的第二十六代侄孫、道光皇帝的姐姐的養子，在打敗太平天國北伐軍中戰功卓著，被譽為「有清三傑」，受封博多勒噶台親王，獲「世襲罔替」、「配享太廟」的破格待遇，稱得上清朝極為特殊的一個「鐵帽子王」。

僧格林沁曾在咸豐九年的大沽口保衛戰中抗擊英法聯軍，一舉擊沉英軍炮艇四艘，擊傷六艘，重傷英軍司令何伯，創造出一八四〇年外強入侵以來中國軍隊取得的第一次大捷，打出了中國軍隊抵制外侮的勇

氣和決心。

然而，僧格林沁最終在追擊農民起義軍撚軍的過程中被撚軍的「畫圓圈」戰法所累，戰死沙場，為大清王朝的滅亡劃上了一個巨大的感嘆號。

為何黃馬褂可以引無數英雄況折腰？

京劇裡面有一出很出彩頭的戲，名叫《三盜九龍杯》，講的是江湖綠林中事，人物全是英雄豪傑，情節起伏曲折，跌宕處，既在意料之外，又在情理之中，大凡峰迴路轉，都鋪平墊穩，全戲排場大、氣度恢宏，熱鬧非凡，許多富貴人家辦堂會都喜歡點這齣戲。

戲文先從康熙皇帝出獵說起：康熙皇帝在海子紅門圍獵，突遇猛虎，危急關頭，綠林好漢黃三泰恰好路過。這黃三泰的飛鏢天下聞名，飛鏢出手，例無虛發，猛虎當場死亡。康熙皇帝死裡逃生，心中高興，賞賜了黃三泰一件黃馬褂。黃三泰感激涕零，跪倒謝恩，並拍著胸脯說，日後皇家若有一草一木遺失，都包在他的身上，他必能找回。黃馬褂原本是一件至高無上的御賜品，得此重賞，黃三泰忘乎所以得昏頭昏腦地誇下了吞天海口。江湖人氏都眼羨他得到了黃馬褂，聽他誇下了海口，大不服氣。俠盜楊香武第一個跳出來為難黃三泰，他施展空空妙手把皇家避暑山莊裡的九龍玉杯盜走，從而在江湖上掀起了一場軒然大波……

這齣戲是從康熙皇帝賞賜黃三泰黃馬褂演起的，所以又叫《慶賞黃馬褂》。

綠林中人視錢財如糞土、視功名利祿如浮動。可是，這樣一件黃馬褂，竟然打破江湖的沉寂，引無數英雄況折腰。那麼，其魔力到底從何而來？

首先，馬褂是旗人的一種服飾。旗人入關前，以漁獵為生，上山打獵、下河摸魚，幹的都是體力活，尤其是打獵，騎在馬上，兩臂掄圓，盤馬彎弓，不適宜穿長袖大袍，為了施展身手方便，他們製作出一種輕便短小的服裝，袖子只到肘部，下擺只到大腿，稱為「馬褂」（滿語為「額倫代」）。

滿人定鼎天下，得意之餘，也稱「馬褂」稱為「得勝褂」。

「馬褂」人人都可以找裁縫製作來穿，「黃馬褂」卻不行。

天地玄黃，宇宙洪荒。

在中國，自古以來，在陰陽五行說的影響下，玄色和黃色被認為是天地之色，即黃色最為尊尚。黃色中又以「明黃」（其實就是「淡黃」）名貴，李唐以降，該色是帝王的專用顏色，其他人不能染指，否則就以覬覦皇權罪論處。

「明黃」色之外，貴族或宮妃可以用「金黃色」（即「深黃色」），平民則頂多只能用「杏黃色」（也即「紅黃色」）。插一句，水泊梁山的「替天行道」大旗是用杏黃色布料製成而不是用明黃色，說明好漢們只反貪官不反朝廷，反得不徹底。

乾隆時期，平西將軍阿桂征大小金川得勝歸來，身上就穿著一件「得勝褂」，此後，人們爭相仿穿。那時阿桂穿在身上的是天藍色的「得勝褂」，天藍色即是那時的引領色。

但世風時時在變，很快，「得勝褂」就盛行起玫瑰紫色來。

再後來，乾隆的寵臣福康安喜穿深絳色，該色被人們稱為「福色」，則「福色」又成為了人們嚮往的顏色。

到了嘉道年間，「得勝褂」已經在民間普遍流行了。

清朝皇帝出巡，所有扈從的御前大臣、內大臣、內廷王大臣、侍衛什長扈從也都穿上「得勝褂」，這是從保護皇帝的角度考慮，「得勝褂」輕便短小，一旦有什麼不測，動起手來方便。

這個時候，如果這前呼後擁的一大票人之中只有皇帝一人身穿「明黃」色衣服，未免行色難壯。於是乎，皇帝同意他們在帽頂後端插戴孔雀翎，用明黃色的綢緞或紗（冬天為綢緞，夏天為紗）製成「得勝褂」穿在身上——噹噹噹噹！黃馬褂也就由此登場了。

「明黃」色，那是只有皇帝才能使用的顏色，現在我們也可以穿在身上了，是不是榮耀無限?!是不是?!是不是?!是不是?!

能穿上黃馬褂的確是一件很得瑟的事兒，這些近侍大臣們高興壞了。

不過，這種黃馬褂是沒有花紋、圖案的，也沒有彩袖，用黑色紐絆，只能在履行職責時穿，非工作時間、非與皇帝同行不能穿。卸職了更不能穿。因此，這黃馬褂也稱「行職褂子」、「職任馬褂」。

此外，滿人在馬上得天下，清朝歷代統治者都特別注重騎射訓練。咸豐以前的皇帝每年秋季都要到木蘭（今河北省承德市北四百里處，現名「圍場縣」）舉行為期二〇天的盛大狩獵活動。上面提到的御前大臣、內大臣、內廷王大臣、侍衛什長等等，在狩獵活動中當然可以穿黃馬褂。但其他隨從在皇帝狩獵過程中若有上佳表現也可以獲賞一件黃馬褂。這種黃馬褂，被稱為「行圍褂子」。同樣，這黃馬褂平時也不能隨便穿，僅僅在跟隨皇上狩獵時才可以穿，否則屬於違紀，將重罪論處。

以上兩種黃馬褂屬於「職業裝」，顯擺時間有限。真正稱得上地位僅次皇帝「龍袍」的黃馬褂是「御賜黃馬褂」。

京劇《三盜九龍杯》裡面康熙賞賜給黃三泰的黃馬褂就屬於這一類。這類黃馬褂，又稱為「武功褂

子」，是賞賜給建有特殊功勳的大臣的。

不過，這類「賜穿黃馬褂」在道光以前並未存在過，慈禧執掌政權後就比較多見。經史家推考，「賜穿黃馬褂」是咸豐以後才開始盛行的。也就是說，康熙皇帝是不可能賞賜黃馬褂給黃三泰的，畢竟，故事只是故事。

道光以前，清朝統治者為了籠絡文臣武將，一方面，大量獎賞真金白銀，又是「封爵」、又是「賞賜」、又是「世職」，讓臣子看到結結實實的實惠，另一方面，又通過加「巴圖魯」勇士號、「賞戴花翎」等等一系列榮譽性的獎賞，讓授受者的虛榮心得到極大滿足，從而更加賣力賣命地替朝廷辦事。

而到了咸豐時代，這些獎賞已經很濫了，你也「巴圖魯」，我也「巴圖魯」；你也「賞戴花翎」，我也「賞戴花翎」，原先的榮耀感在一點點減弱。

統治者就產生了另外獎賞黃馬褂的想法。

果然，鎮守外疆或在疆場作戰立下戰功的將帥驀然得此獎賞，尊榮之外，更生一種自身是皇上「心腹」的感覺，「江南十載戰功高，黃褂色映花翎飄」，便是這種心理的生動寫照。

黃馬褂的成本既低，收買功能又這麼巨大，統治者從此開始大加賞賜。

為了鄭重其事，賞賜時，先宣詔公佈，然後讓得賜黃馬褂的官員騎馬招搖過市，環繞紫禁城走一周，讓天下人都知道某某某得到皇上了御賜黃馬褂。

而且，黃馬褂又與之前的「行職褂子」、「行圍褂子」區別開來了，不再採用黑色紐絆，直接使用與黃馬褂同色的紐絆。並特許擁有者可以在一切莊重或典重的場合穿。必要時，還可以見官大三級，文官見它下轎、武官見它下馬，端的威嚴無比。

當然了，受賜的功臣絕不能怠慢黃馬褂，必須高高供奉在祖宗堂上，頂禮膜拜，不容許有絲毫的褻瀆。

為此，功臣們小心翼翼，不敢稍有差池。須知，功勳大臣因犯錯而被皇帝收回黃馬褂的人可不在少數——而在黃馬褂被收回時，若被發現了有半丁點兒破損，你可是吃不了兜著走！

太平天國運動期間，很多對太平軍作戰有功的人都得到了黃馬褂，比如說僧格林沁、左宗棠、李鴻章等等。

其中，李鴻章的那一件被永載史冊。

事情是這樣的，甲午戰爭失敗，李鴻章的黃馬褂馬上被朝廷褫奪了。但為了跟日本人談判，朝廷任命李鴻章為全權代表，又將黃馬褂御賜還他，讓他穿著前往日本馬關跟日本人談判。

談判過程中，李鴻章遭到日本浪人小山豐太郎行刺槍擊，臉部中槍，血染黃馬褂。

李鴻章忍痛換下黃馬褂，交隨員保存，囑咐不要洗掉血跡，顫聲歎道：「此血可以報國矣」。

這件染滿暗黑血跡的「黃馬褂」現在就陳列在合肥大興集李鴻章享堂的正殿內，滿載著那年那月的國恥。

黃馬褂是這麼一件稀罕物，卻也有人對它不感冒。

這人，就是行乞為生，卻以乞來之錢興辦義學的奇丐武訓。

朝廷為了嘉獎武訓的義舉，授他為「義學正」，並加賞一件黃馬褂。

對這樣一件從天而降的大好事，武訓卻心靜如水，拒不接受，依然穿著自己的破衣衫沿街乞討去了。

武訓不肯接受黃馬褂，說明了武訓不計榮辱、不追求名利，一切隨緣，一切出自本心，品行高潔，值得世人尊敬。

而朝廷將黃馬褂賞賜給一個乞丐，這也說明了黃馬褂已經貶值，身穿黃馬褂，已經不再是近侍大臣和功勳大臣的專利了。

實際上，在慈禧太后統治後期，根本不需要立什麼軍功，只要你做了件討慈禧太后歡心的事兒，就有可能獲得黃馬褂的賞賜。

胡雪岩只是一介商賈，慈禧太后心情舒暢，甩手就賞賜了他一件黃馬褂。

慈禧太后看替她開火車的司機順眼，也給該司機打發了一件黃馬褂。

所以說，武訓拒絕的那件黃馬褂，並沒那麼聖潔和高貴。

第二章　後金的崛起

努爾哈赤的「七大恨」到底是哪「七大恨」？

寓言故事裡，狼要吃羊，就先是指責羊弄髒了它要吃的水，然後又說羊背後說它的壞話。

人類戰爭史上，也都很講究「師出有名」，先指責對方哪做得不對，置自己於道德制高點上，然後再發兵開打。

徐敬業和駱賓王起兵反對武則天那會兒，就寫了一篇震爍古今的《討武曌檄》，數列其罪，罵武則天為「人神之所同疾，天地之所不容」，很是鼓動人心。

清太祖努爾哈赤要跟自己曾經的主人——大明王朝叫板，雖然沒法搗鼓得出類似《討武曌檄》的雄文，卻也煞費苦心地編撰出了一個為後來歷代清朝統治者津津樂道的「七大恨」！

不過，這「七大恨」到底是哪「七大恨」，數百年來，能說得清的，估計沒幾個。

究其原因，是這「七大恨」的最原始的版本未存於世，流傳在世的版本眾多，「七恨」中的好幾恨內容重複、囉嗦、混淆不清，並且，即使有人能拎得清這七項「大恨」，卻又並非努爾哈赤原先所說的「七大恨」。

現在，收錄有這「七大恨」內容的權威史料主要是《太祖武皇帝實錄》、《太祖高皇帝實錄》、《滿洲老檔秘錄》、《東華錄》、《三朝遼事實錄》、以及北大研究所所藏天聰四年木刻揭榜之七大恨。

首先，「太祖」是努爾哈赤的廟號，「武皇帝」則是天聰十年四月皇太極建大清國號時追尊給努爾哈赤的謚號，全稱是「承天廣運聖德神功肇紀立極仁孝武皇帝」。清人入關後，已經在盛京登基繼承了大清國皇位的順治帝又在北京重新舉行了一次登基大典，一幫漢臣在順治病逝後大拍馬屁，準備把順治定位為

大清王朝的真正開國君主，指稱順治「龍興中土，混一六合，功業同於開創，宜謚為高皇帝」。而以鼇拜為首的滿臣卻堅持認定順治只是個繼業之君，把謚號定為「章皇帝」。為避免康熙成年後將順治謚號改回「高皇帝」，鼇拜搶先更改了努爾哈赤「武皇帝」的謚號，改為「太祖承天廣運聖德神功肇紀立極仁孝睿武端毅欽安弘文定業高皇帝」，即「高皇帝」。

所以，《太祖武皇帝實錄》、《太祖高皇帝實錄》都是記錄努爾哈赤言行的官修史書。《太祖武皇帝實錄》初修於天聰年間，歷經多次修改，成書於崇德年間；《太祖高皇帝實錄》成書於乾隆四年，是在《太祖武皇帝實錄》基礎修成，為《清實錄》定本。

《滿文老檔》是清廷入關前以滿文記錄起於明萬曆三十五年（清天命前九年・西元一六〇七年），止於明崇禎九年（清崇德元年・西元一六三六年）的編年體皇家檔冊，起初存放於盛京（今瀋陽市）崇謨閣。清廷定鼎北京後，與其他檔案一起存放於北京內閣大庫，並經過多次修改。一九一八年，清末進士金梁先生召集人手進行翻譯，其部分內容出版後名為《滿洲老檔秘錄》。

《東華錄》由光緒間王先謙結合乾隆間蔣良驥所編三十二卷本纂輯而成。

《三朝遼事實錄》為明天啟朝兵部尚書王在晉所著，主要敘列萬曆四十六年（一六一八）到四月天啟七年（一六二七）的遼東戰事。

天聰四年木刻揭榜是天聰四年後金軍隊打到北京城下，在返程時，為安撫民心而刊佈的「七大恨」諭民榜文。

以上六個版本中，《三朝遼事實錄》所敘「七大恨」極簡極略，且非直接出於後金人頒佈的文獻；《東華錄》也同樣屬於間接材料，其說主要取材於《清實錄》，並且成書於晚清。所以，《東華錄》、

《三朝遼事實錄》均不足深論。

《太祖武皇帝實錄》、《太祖高皇帝實錄》、《滿洲老檔秘錄》雖說是後金和清的文獻資料，但經過無數次修改，面目全非，也算不上原始材料。

相較而言，天聰四年木刻揭榜不但在時間上最接近努爾哈赤在天命四年發佈「七大恨」之時，而且，該榜被揭下後，一直沒有修改過。所以，學者都比較看重這個版本。

清史研究專家孟森就認為，這個榜文中所記載的七大恨內容最接近於努爾哈赤起兵反明時的原狀。

讓我們來看看木刻揭榜中「七大恨」的內容到底都是什麼吧（為方便閱讀，筆者在文字上作了些整理）：

金國汗諭官軍人等知悉：我家十幾代人替大明看守邊境，恭謙忠順。近年來，南朝皇帝高拱深宮，不理朝政，文武邊官，瞞上欺下，侵害欺凌我家族人，手段慘酷，罄竹難書。其中有七件最大最慘的：

一、我祖宗替南朝看邊進貢，忠順已久，而在萬曆年間，明兵忽將我曾祖、祖父無罪加誅。

二、癸巳年，南關、北關、灰扒、兀剌、蒙古等九個部落合兵攻我國，南朝表現冷漠，袖手坐視。幸好，我國仰仗皇天保佑，大敗了九部來敵。後來，我國復仇，攻破南關，遷入內地，入贅南關吾兒忽答為我國的女婿，南朝卻譴責我國擅起戰端、大興征伐，逼令返回故地。我先汗二話不說，遵依上命，返回故地。後來，北關攻南關，大肆擄掠，南朝卻一點兒也不怪罪。想我國與北關，同是南朝外番，為什麼北關打南關南朝熟視無睹，而我國打南關南朝卻又大肆干涉?!對待同一性質的事件卻採取了完全相反的態度，如何能讓人懷服？

三、先汗忠於大明，心若金石，只不過因曾祖、祖父被殺，南朝起了疑心，所以與遼陽副將吳希漢，

宰馬牛，祭天地，立碑界銘誓：漢人私出境外者格殺勿論；夷人私入境內者格殺勿論。後來生活在邊境的漢人私出境外採參挖參。山參雖說是大自然的饋贈，卻也是我國賴以生存的經濟命脈，先汗屢屢申稟南朝上司，遼東上司卻裝聾作啞，不置一詞，使得我們有冤怨而無處控訴。不得已才遵循碑約動手殺人。可以說，殺人是為了遵行盟誓，杜絕漢人再來挖參，並不是有意欺背南朝。又碰巧遇上新巡撫赴任，按以往慣例，我們應該叩拜祝賀，於是派遣了幹骨里、方巾納等人前往祝賀。遼東上司卻因此怪罪我殺害了越境採參的漢人，拘捕了送禮行賀的人，還勒要十位夷人償命。欺壓如此，情何以堪！

四、北關與建州，同是屬夷類，我兩家構釁，南朝秉公解除紛爭就可以了，為什麼提供兵馬、火器給北關打我？厚彼薄此，讓人傷心！

五、北關老女，是先汗厚禮聘娶的未婚妻，後來北關渝盟，不許先汗迎親。即使這樣，因有婚約在身，他也不敢另外許配他人，就因為南朝護助，終於改嫁蒙古人。像這樣的恥辱，誰能甘心。

六、我部看守邊境的人，二百年來，都在邊境附近種田。南朝卻聽信北關誣言，發兵逼令我部遠退三十里，立碑占地，燒毀我房屋、禾苗，使我部居無室、食無米，人人待斃。

七、我國向來忠義孝順，從來沒有過無禮之舉，南朝忽然派遣備御蕭伯芝前來訓斥先汗。這蕭伯芝狗仗人勢，蟒衣玉帶，作威作福，穢言惡語，百般欺辱。

懷此七恨，無處申訴。遼東上司，已經尊若神明，難以溝通；萬曆皇帝，更是隔於天淵，不能傳達。躊躇徘徊，無計可施。只好告天興師，收聚撫順，好讓萬曆皇帝因事詢情，得申冤懷。

這七大恨中的第一恨，說的是努爾哈赤的祖父塔克世、父覺昌安在明軍征討叛賊中被明軍誤殺的事

情。當時，統兵作戰的是李成梁。事後，作為道歉，李成梁給了努爾哈赤極其豐厚的補償。努爾哈赤就是靠這筆補償，才將他的事業做強做大。並且，在接受補償時，努爾哈赤非但沒有埋怨李成梁，還極力討好李成梁，甚至不惜做李成梁的兒子。後來又將弟弟舒爾哈齊的女兒嫁給了李成梁的兒子李如柏。

第二恨中的「北關」，是指葉赫部。努爾哈赤說葉赫部聯合起九部來打他，卻沒有說為什麼九部要打他。事實是努爾哈赤為了他的「統一女真」大業，四下侵略殺伐九部部族。說到底，努爾哈赤的建州也罷，葉赫也好，都是隸屬於明朝的臣民，其所謂的「統一」大業，本質就是搞破壞、製造恐懼氣氛，明朝怎麼可能支持他？而在他打敗了九部之後，明朝要支持九部則是理所當然的了。

第三恨中所謂的「立碑界銘誓」，其實是努爾哈赤和明遼陽副將吳希漢私下裡訂的盟誓，對大明王朝而言，根本就不存在「境外」、「境內」之說。須知，整個遼東半島，都是大明王朝的。大明王朝的漢人子民在自己國家的土地內採參挖參，被努爾哈赤這種地方保護主義者肆意屠殺，明朝政府「勒要十夷償命」有什麼錯？

第四恨其實是第二恨的重複，純屬無話找話。

第五恨中的「北關老女」，是葉赫布寨之女，布揚古貝勒之妹。原先建州與葉赫結好，葉赫布寨貝勒是答應將十二歲的女兒許娉給努爾哈赤，但建州的迅速擴張已經侵害到了葉赫的利益，二者兵刀相見，大打出手，悔婚再自然不過了。何況，葉赫布寨貝勒戰死後，葉赫部曾派人來討還屍體，努爾哈赤卻莫名其妙地把布寨的屍體砍成兩半，只把一半歸還給葉赫。這種情形之下，布揚古怎麼還能把自己的妹妹嫁給努爾哈赤？可是，努爾哈赤卻遷怒於明朝，認為明朝政府主持公道把「北關老女」改嫁給蒙古人是對他的欺凌。

第六恨指責「南朝聽信北關誣言，發兵逼令我部遠退三十里」，其實，退三十里也好，退三百里也好，這些土地全都是明朝政府的，明朝政府之所以這麼處理，是禁止努爾哈赤把國家的土地占為己有。

第七恨的「蕭伯芝事」根本就是說不上什麼深仇大恨，努爾哈赤越是煞有介事地說，越讓人覺得其人心胸狹隘、自卑、脆弱。

不管怎麼樣，這原版的「七大恨」除了第四恨和第二恨重複外，還算得上條理清晰，而且其中諸如「我祖宗與南朝看邊進貢，忠順已久」，「先汗忠於大明，心如金石」，「我即遵依上命」，「我部看邊之人」，「我國素順」等言辭中，還可以看出，即使其以國自稱，卻還是承認他們是從屬於明朝中央政府的。而《太祖武皇帝實錄》、《太祖高皇帝實錄》、《滿洲老檔秘錄》等書之所以翻來覆去地修改，就是要乾乾淨淨地剔除這類字眼、澈底刪除清朝曾經隸屬明朝的事實。

但，誠如孟森先生所說「末條以蕭伯芝蟒衣玉帶為恨，後來太覺其無謂」，「太祖列入七大恨中，亦自覺無事生事。後各本皆刪此條，而析別條以足其數」。一方面，後來的清政府要刪除後金隸屬明朝的字眼，又要刪除「蕭伯芝」條，為了湊夠「七恨」之數，就出現了許多重複、囉嗦的東西，致使後人讀之如墜雲霧，不明就裡。

努爾哈赤「七大恨」中的一個鬧劇，讓人啼笑皆非

且說，清太祖努爾哈赤要跟自己曾經的主人──大明王朝叫板，於是煞費苦心地編撰出了一個為後來歷代清朝統治者津津樂道的「七大恨」來。

「七大恨」的最原始的版本未存於世，流傳在世的版本眾多，甚至同一版本中「七恨」的內容也往往

重複、囉嗦、混淆不清。

經清史研究專家孟森梳爬、厘清，最接近原始版本的應該是收藏於北大研究所的天聰四年木刻揭榜之七大恨。

這個揭榜是天聰四年皇太極帶領後金軍隊打到北京城下，在返程時，為安撫民心而刊佈諭民榜文。

該榜被揭下後，一直沒有修改過。

因此，學者都比較看重這個版本。

孟森也認為，這個榜文中所記載的七大恨內容最接近於努爾哈赤起兵反明時的原狀。

木刻揭榜中「七大恨」的第七恨是其他版本所沒有的，所以特別值得我們關注。

這第七恨的原文是：「我國素順，並不曾稍倪不軌，忽遣備御蕭伯芝，蟒衣玉帶，大作威福，穢言惡語，百般欺辱，文□[1]之間毒不堪受。所謂惱恨者七也。」

這段文字翻譯成現代文，則是：我國向來忠義孝順，從來沒有過無禮之舉，南朝忽然派遣備御蕭伯芝前來巡視。這蕭伯芝狗仗人勢，蟒衣玉帶，作威作福，穢言惡語，百般欺辱，言辭荼毒，讓人不堪忍受。即是第七條惱恨。

這裡提到的「備御蕭伯芝大作威福」事，由於其他版本不載，眾多史書也沒涉及到此事，致使後人不知事情來龍去脈，莫名其妙。

其實，這是一件不大不小的惡作劇，曾讓以絕代梟雄自居的努爾哈赤威風掃地、顏面全失。

1 「□」為原榜文遺缺字。

明末清初文人計六奇在《明季北略》記錄有事情全過程，說：

努爾哈赤作為替明朝守邊的官員，每年都得向明朝進貢蜂蜜，並開蜜市與邊民做貿易。萬曆四十一年（一六一三年），努爾哈赤忙於征討和吞併哈達、輝發、烏拉等部，就不再進貢了。到四十五年（一六一五年），傳言努爾哈赤把這些年屯積下來的蜂蜜煉製成可以攜帶的乾糧，不知意欲何為。遼東巡撫李維翰懷疑這件事的真實性，但又不敢上報朝廷，想來想去，便私下裡派遣遼陽的材官蕭伯芝前去質詢努爾哈赤。蕭伯芝是個賊大膽，他帶領豪華儀仗隊，敲鑼打鼓，冒充朝廷都督，大搖大擺地出發了。到了邊境，發現努爾哈赤沒有親來郊迎。蕭伯芝當場發作，怒斥後金官員：「我奉朝廷的旨意前來，你們的頭領居然不來迎接，真是反了你們了！」然後作返回狀，聲稱要回朝稟告努爾哈赤的無禮。努爾哈赤得知，穿著櫜鞬服屁顛屁顛地趕來，跪在道路左側迎接。當日，供應的物品十分豐盛。蕭伯芝遂轉怒為喜，與努爾哈赤交盞歡飲。酒至半酣，蕭伯芝板起面孔，責問努爾哈赤為何不進貢。努爾哈赤打著哈哈解釋說：「本部的蜂蜜，就好像你們的五穀。五穀遇上欠收之年，皇朝追究誰的責任了？本部這五年來花少蜂死，沒有足夠的蜂蜜向朝廷進貢。等到來年春天花滿枝頭，蜂蜜盛產之後，一定像以前一樣進貢。這種瑣事，如何值得勞煩聖上憂慮？」歡宴結束，努爾哈赤厚贈蕭伯芝，送了很多貴重禮物。努爾哈赤還親自替蕭伯芝把馬牽出來。兩人上馬，並轡而行。到了僻靜之處，努爾哈赤在馬上拍了拍蕭伯芝的肩，笑著說：「你是遼陽的無賴蕭伯芝，竟然假冒朝廷的都督出使到我的地盤！我不是不能把你殺了然後再向朝廷稟明緣由，實在是不願讓天朝受到恥笑啊。替我向巡撫李維翰帶個話，下不為例哦。」蕭伯芝聽了，臉色大變，匆匆而回。

從事件的結局來看，蕭伯芝和努爾哈赤兩人是麻杆打狼——兩頭怕。

蕭伯芝冒充都督，一旦被朝廷偵知，肯定沒有好果子吃；努爾哈赤羽翼雖現漸豐，但還沒有做好與明朝幹仗的準備，也怕明朝怪罪沒有進貢之失，所以明知蕭伯芝是假，卻也只能忍氣吞聲，賠盡笑臉地向蕭伯芝獻媚、討好。

不過，隨著後金事業的壯大，努爾哈赤漸漸把這件事視同自己遭受的「胯下之恥」，耿耿於懷，越來越難堪，越來越難以忍受，以致在公開起兵叛明時，煞有介事地將之列入了赫赫有名的「七大恨」之中。

說一千、道一萬，「備御蕭伯芝大作威福」事終究是個雞毛蒜皮的小事，努爾哈赤這樣鄭重其事只會讓人洞察他的心胸狹隘、自卑和脆弱。

而且，蕭伯芝「蟒衣玉帶，大作威福，穢言惡語，百般欺辱」，努爾哈赤卻又是跪迎，又是奉酒陪笑，又是送禮獻媚，既出賣了後金曾經是明朝部屬的關係，又讓後來的清朝統治者覺得很沒有面子，所以，《太祖武皇帝實錄》、《太祖高皇帝實錄》、《滿洲老檔秘錄》等書在收錄「七大恨」之時，都毫無例外地把這一條刪除掉了。

孟森先生就說「末條以蕭伯芝蟒衣玉帶為恨，後來太覺其無謂」，「太祖列入七大恨中，亦自覺無事生事。後各本皆刪此條，而析別條以足其數」。

刪除了這一條，又要湊夠「七恨」之數，就不得不在前面的條數中進行拆解，最終出現了許多重複、囉嗦的東西，致使後人讀之如墜雲霧，不明就裡。

努爾哈赤有說過「你是我的眼」嗎？

通俗歌曲《你是我的眼》，歌詞優美動聽，激越而又不乏憂傷。

但是，單就「你是我的眼」這五個字而言，卻是一句大白話、大實話，情感真摯、樸實無華。四百多年前，以征戰殺伐建功的粗豪漢子清太祖努爾哈赤就曾說過類似的話。

據《清太祖武皇帝實錄》記，天命六年（一六二一）三月，努爾哈赤悍然進攻大明遼東重鎮瀋陽。後金將領雅松畏戰，致使皇太極暴露在來自奉集堡明朝援軍的刀鋒之下。皇太極臨危不懼，奮起反擊，殺敗了明軍。此戰結束，努爾哈赤痛責雅松：「吾子皇太極，吾視之如眸子，因爾之敗退，不得不率兵殺入敵中，萬一他遭到不幸，爾之罪必千刀萬剮。」

此外，努爾哈赤還在多個場合說過「我子皇太極就是我的眼睛」。

按照《清太祖武皇帝實錄》和《清太宗實錄》上的說法，皇太極能得到了努爾哈赤的喜歡，主要原因有兩個。

一、皇太極的母親葉赫納拉·孟古是努爾哈赤的一生至愛，愛屋及烏，她所生的兒子也受到了努爾哈赤的喜歡；

二、皇太極自小聰明過人，少年老成，「甫三齡，穎悟過人。七齡以後，太祖委以一切家政，不煩指示，即能贊理，巨細悉當。及長，益加器重。」

皇太極是努爾哈赤的第八子，上有哥哥褚英、代善、阿拜、湯古岱、莽古爾泰、塔拜、阿巴泰等。但努爾哈赤只對他特別鍾愛，《滿文老檔》甚至說，努爾哈赤對皇太極愛得像心肝一樣。

皇太極的名字也寫作洪太主或黃台吉、紅歹是，《李朝實錄》還記載說是「黑還勃烈」。

對《李朝實錄》深有研究的李光濤說，「勃烈」可能是「貝勒」。多數人認為皇太極是蒙古語黃台吉諧音，蒙古族就把皇帝繼承人叫黃台吉。有意思的是，漢族把皇帝的繼承人叫皇太子，音與皇太極也相似。

因此，有人認為，努爾哈赤給這個愛子取名皇太極，就是有意想讓他做自己的大位繼承人。

《滿文老檔》甚至記載有這麼一件事：天命八年（一六二三年）六月，努爾哈赤單獨對皇太極訓話，說，你如果是賢人，無論做什麼事都應該恰如其分，寬以待人，以作為兄弟們的榜樣。使他們因此敬愛你。但你卻只知愛惜自己，置諸兄弟於不顧，這樣你還想坐汗位嗎？你退朝時要懂得送送你的哥哥，那麼你哥哥們的子弟就會懂得送你，並對你表現出由衷的敬意。現在你不送哥哥，你哥哥的子弟卻送你，你又坦然受之。這樣行事，太不賢明瞭。單為這事，你弟兄德格類、濟爾哈朗、侄兒岳託等人已經對你不滿了。你是我的嫡妻所生，我是如此的喜愛你，你卻這樣愚昧無知。

從這段訓話裡，已經充分表現出努爾哈赤有意想把皇太極培養成自己的繼承者了——皇太極有一點點禮儀上的小缺點，他也會不厭其煩地提出要之糾正，這就是愛之深，責之切的表現啊。

努爾哈赤對皇太極是如此重視。那麼，努爾哈赤一死，後金汗位由皇太極來繼承就理所當然了。事實也是如此。

天命十一年（一六二六年）七月二十三日，努爾哈赤因患毒疽，帶領衛兵三千前往清河溫泉療養。半個月後的八月初十日夜，受到毛文龍部下官兵擊鼓鳴炮的驚嚇，於次日驚懼慚死。

九月一日，皇太極在大政殿即汗位，焚香告天，宣佈明年為天聰元年。眾貝勒對天明誓，表示忠於新汗。

蔣良騏所編《東華錄》結合蒙古人稱繼位者為王台吉、或黃台吉，漢人稱儲君為皇太子為皇太極的名字諧音，讚歎說皇太極繼位是「天意已預定矣。」

朝鮮史籍《魯庵文集》也附會而記：「老汗（努爾哈赤）臨死曰：洪佗始（皇太極）能成吾志。終無

所命而死。」

不過，歷史是由勝利者書寫的。

皇太極繼承汗位後，過了數年，改後金為大清，登皇帝位，則無論是《滿文老檔》還是《清太祖武皇帝實錄》，抑或《清太宗實錄》，這些史料的編撰權都掌握在皇太極和皇太極子孫的手中，上面許多關於皇太極獨得努爾哈赤鍾愛、名正言順繼承汗位的記載也許並非實情。

比如說，上述史書對皇太極的母親葉赫納拉・孟古持全面褒獎的態度，稱讚她儀態端莊賢淑，氣度寬宏大量，一生毫無過失，是位完人。但葉赫納拉・孟古嫁給努爾哈赤，完全是一樁政治婚姻，是葉赫部與建州的一場政治聯姻。

上述史書說努爾哈赤很愛很愛葉赫納拉・孟古，但葉赫納拉・孟古並未得努爾哈赤專寵。葉赫納拉・孟古雖然能位居大妃，但終未封後，導致皇太極並非嫡子。

而且，努爾哈赤共有四位大妃，葉赫納拉・孟古之前有元妃佟佳・哈哈納紮青、繼妃富察・袞代；之後有烏拉納喇・阿巴亥。

當孟古嫁給努爾哈赤時，富察氏仍是大妃，直到萬曆二十四年（一五九六年），富察氏還為努爾哈赤生下第十子德格類，也就是說在孟古入宮八年且生有一子的情況下仍沒有取代富察氏，而阿巴亥成為大妃不過只用了兩年的時間。

在孟古為妃期間，努爾哈赤還聘了哈達部萬汗的孫女阿敏為側妃、納庶妃嘉穆瑚覺羅氏、與阿巴亥成婚，並與這些後妃生育下了四子三女。

不得不提的是，努爾哈赤是為了建州同葉赫部的聯盟才和孟古走到一起的。而隨著建州的壯大，建州

同葉赫部的交惡就出現了，彼此間兵刀相見，大打出手。古勒山一戰，孟古的堂兄布齋貝勒戰死。努爾哈赤尚不能解恨，命人將布齋的遺體劈作兩段，將其一半歸還。葉赫與建州結下了血海深仇。孟古病危，想見生母一面，遭葉赫貝勒堅拒，孟古抱憾歸天。努爾哈赤打下了葉赫，就大開殺戒，瘋狂屠殺。

最最重要的是，要說努爾哈赤有過要將汗位傳給某個兒子的想法，那麼，充當這個汗位繼承人角色的，並不是皇太極，而是元妃之子褚英、代善！

褚英、代善曾先後被立為太子。

但是，褚英、代善這兩個人的表現都差強人意，最終被廢黜，其中褚英還慘遭處死。心灰意冷的努爾哈赤從此不再言及汗位的繼承問題。

天命七年（一六二二）三月，努爾哈赤明確宣佈《汗諭》：實行八和碩貝勒共議推舉新汗和廢黜大汗的制度。

《滿洲老檔秘錄》「八皇子進問嗣位」條記：某天，努爾哈赤的八個兒子進見父汗，問將來哪一個人可以繼承汗位。努爾哈赤的回答是：繼我之後嗣登大位為君的，不要選恃強恃力的人，這種人恃暴力行事，必得罪於上天；而選擇那種既有才能又善於接受勸諫意見的人。推選時，一定要合謀共議，謹慎擇賢。嗣位後，若發現才能淺薄，不能主持正義，可以經過眾議，把他換掉，在你們的子弟當中選取賢者為君。

天命十一年（一六二六）六月二十四日，即努爾哈赤死前一個多月，努爾哈赤還給諸子寫了一份訓詞，仍不指定自己的繼承人，提出集體執政。

努爾哈赤從七月二十三日「不豫」到八月十一日死去，頭腦一直清醒，如果說，他真的對皇太極格外

鍾愛，那麼，在這二十多天的時間裡，他完全可以從容立儲，或將屬意的接班人公之於眾貝勒，但他始終沒有這樣做。

那麼，努爾哈赤是否對皇太極說過諸如「你是我的眼」之類的肉麻話，就很值得懷疑了。

這也無怪乎蔣良騏所編纂的《東華錄》有載，多爾袞有「太宗文皇帝（皇太極）之位原系奪立」之語。

代善是怎麼從汗位繼承人淪落為路人甲？

清太祖努爾哈赤自然稱得上一代梟雄。但，他能成就大事，很大程度上也依賴於他有一群勇猛絕倫的兒子。

努爾哈赤的長子褚英是天生的猛將。其十九歲奉命出征，以一個驚豔的亮相來完成他的戰場處子秀：長途奔襲，一舉攻下敵人葉赫部二〇多處屯寨、掠獲人畜上萬。

有這樣一位虎狼般勇猛的兒子，努爾哈赤在欣喜之餘，著意培養，並於萬曆四十一年交付其執政大權，立為汗位繼承人。

可惜，褚英打仗雖猛，情商卻低，不但與努爾哈赤所倚重的五大臣額亦都、費英東、扈爾漢、何和裡、安費揚古關係惡劣，與諸兄弟也不和，最後太子之位被廢，慘遭軟禁。軟禁期間，不思自省，焚香詛咒汗父、四兄弟及五大臣。努爾哈赤忍無可忍，於萬曆四十三年將之處死。

褚英既死，褚英的同母親弟代善隨後被立為汗位繼承人。

褚英、代善的母親是努爾哈赤的原配佟佳氏，也就是說，和褚英一樣，代善也是嫡子；且褚英一死，代善在努爾哈赤十五個兒子中年齡最長。

另外，代善比褚英更加勇猛善戰。

史料上記，有一次，代善在烏碣岩之戰中與烏拉主將博克多貝勒搏殺，其「縱馬，左手攫其胄而斬之」，整個過程緊張、激烈、簡潔、快捷、有力。

該戰結束，烏拉部懾於代善神威，從此服軟。

代善本人也因此獲得了「古英巴圖魯」稱號。

代善為諸貝勒中軍功最著者，在佐政四大貝勒中位列第一，自將正紅、鑲紅兩旗，權勢僅次於努爾哈赤。

可是，天命五年，發生了一件事，極大地動搖到了代善的太子位。

《滿文老檔》第三函第十四冊天命五年三月十日後記載說，努爾哈赤身邊有閒散侍女秦太與一納紮女人互相罵街，秦太痛斥納紮不乾不淨，和努爾哈赤的手下巴克什達海通姦，並送給了達海兩匹藍布。

這原本只是兩個下等女人間的一場普通對罵。但，其中牽扯到了一筆貴重物品——兩匹藍布。

須知，女真人以漁獵為生，生活狀態處於原始社會，織布、冶煉等高科技產品只能通過貿易或劫掠手段從漢族兄弟手中得來，兩匹藍布，屬於貴重物品。

努爾哈赤的小老婆塔因查覺得，卑賤下人納紮用這樣貴重的東西送人，事情必沒那麼簡單。於是，她果斷地向努爾哈赤告發。

努爾哈赤霎時意識到問題的嚴重性，立刻審問當事人。

果然，納紮背後站有一位大人物：大福晉。

納紮供訴，這兩匹藍布，是大福晉提供的，她送達海，也是得到大福晉批准的。

特別說明一下，這個大福晉是誰，《滿文老檔》雖然詳細寫了事件全過程，卻始終沒交待出具體姓名，應該是當時的人都知這位大福晉所指，所以不用特別交待。後世則必須結合其他史料來判斷，才得知這個大福晉指的是努爾哈赤的第四位大妃烏拉納喇氏阿巴亥。

儘管納紮是得到大福晉批准才做的「好事」，努爾哈赤最終還是將她處死了。

鑒於達海通曉漢文漢語，是個不可多得的人才，得以免於一死，被囚禁起來。

努爾哈赤回頭譴責提供布匹給納紮的大福晉，說：「爾以物與人，我本不吝惜，然禁約云：諸凡福晉，若不經汗允，即以一尺布、一塊綢給予女人，則被誣為欺夫買藥；若與男人，則被誣為已有外心。有此誣告，則以誣告人言為是，故無論為何物，均不得給與他人。是爾違禁約，與達海藍布兩疋，爾有何忠心言耶？」

努爾哈赤的言辭嚴厲，但對大福晉寵愛有加，最終沒有做出任何處罰。

塔因查似乎不願事情就此結束，又對努爾哈赤說：「不僅此事，更有要言相告。」

塔因查一五一十地說：「大福晉曾二次備辦飯食，送與大貝勒，大貝勒受而食之。又一次，送飯食於四貝勒，四貝勒受而未食。且大福晉一日二三次差人至大貝勒家，如此來往，諒有同謀也！福晉自身深夜外出亦已二三次之多。」

注意，塔因查所說的大貝勒就是代善，四貝勒，則是後來的清太宗皇太極。

「福晉自身深夜外出亦已二三次之多」這一句引起了努爾哈赤的警覺：一個女人，深夜外出，非奸即盜！

努爾哈赤火急火燎地派遣達爾漢侍衛、額爾德尼巴克什、雅蓀、蒙噶圖四大臣調查取證。

調查的結果是：四貝勒未食所送飯食屬實，大貝勒二次受食所送飯食亦屬實。

努爾哈赤自我解嘲地說：「我曾言待我死後，將我諸幼子及大福晉交由大阿哥撫養。以有此言，故大福晉傾心於大貝勒，平白無故，一日遣人來往二三次矣！」

可塔因查又指出，以前，每當諸貝勒大臣集中汗屋聚筵或出席會議，大福晉必以金珠妝身，獻媚於大貝勒。諸貝勒大臣也已盡知，只是懼怕大貝勒、大福晉，不敢多說什麼而已。

努爾哈赤瞠目結舌，許久說不出話來。

家醜不宜外揚，努爾哈赤可不想把事情鬧大，沒有加罪於大貝勒代善，只是以大福晉竊藏綢緞、蟒緞、金銀財物甚多為詞，派人到大福晉的居室查抄。

大福晉為了逃避和減輕罪行，趕緊將財物分散轉移。但其中有三百匹藏在阿濟格家的綢緞被搜出。

努爾哈赤勃然大怒，當眾宣佈說：「該福晉奸詐虛偽，人之邪惡，彼皆有之。我以金珠妝飾爾頭爾身，以人所未見之佳緞，供爾服用，予以眷養。爾竟不愛汗夫，蒙我耳目，置我於一邊，而勾引他人。不誅之者，可乎？然念其惡而殺之，則我三子一女猶如我心，怎忍使伊等悲傷耶？不殺之，則該福晉欺我之罪甚也！」

注意，大福晉阿巴亥只生有阿濟格、多爾袞、多鐸三子，努爾哈赤所說「三子一女」中的「一女」指的是他從弟弟舒爾哈齊四子恪僖貝勒固倫處過繼來的和碩公主肫哲。

殺或不殺大福晉，努爾哈赤處於兩難境地。

殺，該大福晉是自己心愛之人，而且滿族歷來就有父死子妻其庶母的收繼婚俗，自己也曾說過欲將諸幼子及大福晉交由大阿哥撫養的話；不殺，該大福晉置自己不顧，另勾引他人，實實忍無可忍。

一番短暫的煎熬和糾結過後，努爾哈赤作了決定，說：「大福晉可不殺之，幼子患病，令其照看。我將不與該福晉同居，將其休棄之。」宣佈廢除大福晉。

顯然，努爾哈赤已經是大動肝火了。

但大貝勒代善在此事中並未受到任何懲罰，可謂僥倖至極。

偏偏，代善還不知自愛，好死不死，繼續作死，最終把事情弄得不可收拾。

天命五年（一六二〇）四月左右，後金國將都城從界藩城遷居薩爾滸城。

努爾哈赤給各貝勒指定興建府邸的宅地。

代善看到其長子岳託的宅地比自己的寬敞，起了貪念，想占為己有。

要說，占就占唄，你是父，岳託是子，你直接開口說就行。

但代善認為，明著要，顯得自己太貪婪了，太過計較這種蠅頭小利了，不行。

所以，代善他準備用一種高明的、別人難以覺察的隱晦手段把兒子的宅地要過來。

代善以關心汗父為由，說汗父的宅地太過狹小，自己的宅地既寬且佳，與汗父交換宅地。

努爾哈赤不知他的小算盤，認為他有孝心，高高興興地說：「大貝勒住我整修之住地，我居大貝勒整修之地。」

努爾哈赤原來的宅地的確是很狹窄，代善以地狹難修為由，指使莽古爾泰和阿敏出面為自己說話，意欲讓岳託讓出宅地。

可惜，代善的手段太高明、太隱晦了，誰都不明白他的意圖，包括岳託，也包括莽古爾泰和阿敏。

結果，岳託沒有主動出讓。

粗線條的莽古爾泰主動幫代善「解決」問題。諾，代善不是說「地狹難修」嗎？莽古爾泰就請來能工巧匠，精心設計，在原來努爾哈赤的宅地上給代善建築了一座宅院。

這下弄巧成拙了。

代善的初衷是以小換大，現在，成了以大換小。代善老大不高興，不願意入住。

岳託既然不開竅，代善只好厚著臉皮，向努爾哈赤索回自己的原宅地。他向努爾哈赤說，經過再三考察，還是覺得這個地方風水最佳，請汗父回來居住。

努爾哈赤表現得非常順從，馬上搬回到自己原來的宅院中。

史料中，努爾哈赤最後只說了一句「我仍居我整修之地，既然以為爾所整修之地優佳，爾可攜諸幼子於該優佳之地裝修居住」，並沒怎麼責備代善，但內心肯定對代善有看法。

朝鮮使者曾經讚揚代善為人寬宏、能得眾心，將來能承繼汗位，經過這事，對代善刮目相看，說，代善「特尋常一庸夫」。

代善對長子岳託不好，對次子碩托更加不好，受小老婆唆使，視碩托為眼中釘、肉中刺。

碩托不堪凌辱，於天命五年九月初三日離家出走了。

代善滿臉義正辭嚴地宣佈，碩托「叛逃」投明朝去了，揚言必殺這個「逆子」。

碩托被找回來了，儘管已經查明沒有叛投明朝，代善還是數次向努爾哈赤跪請斬殺碩托。

努爾哈赤不打算處罰碩托，代善的強烈殺子之心讓他起了疑心，派人暗中調查代善平時是怎麼對待岳託、碩托這兩個前妻之子的。

調查的結果讓努爾哈赤氣壞了。

好傢伙，這代善實在是偏心，非常偏心！他分給岳託、碩托的資產比其他異母弟弟差得太多了。

努爾哈赤深深地吸了口冷氣。

最讓努爾哈赤怒不可遏的是，他親自出面質問代善對諸子分配財產的情況時，代善吱支吾唔，不但設法支開話題，還誣衊碩托與自己的小妾通姦，提出要殺死碩托。

努爾哈赤自幼喪母，受盡繼母的虐待，將人比己，對沒有母親的孩子特別同情。像褚英和代善，因為母親早死，努爾哈赤對他哥倆就特別照顧。

可是，代善倒好，竟然虐待岳託、碩托這兩個缺少了母愛的孩子！

努爾哈赤指著代善的鼻子咆哮說，你也是前妻生的兒子，你怎麼就不想想我是怎麼特別親近和照顧你的呢？你竟然和後妻沆瀣一氣來虐待、誣衊和陷害這兩個前妻生的兒子。你啊你，你連親生兒子都忍心殺害，若你以後做了國君，又將如何對待其他兄弟？

改日，努爾哈赤宣佈，「現廢除太子，將使其專主之僚友、部眾，盡行奪取」。

由此，代善失去了太子之位。

被廢為庶人的代善經過深刻反省，親手殺掉了和自己一起設計虐待、誣衊和陷害岳託和碩托的小老婆，對著努爾哈赤起誓說：「我不恪守汗父教導之善言，不聽三位弟弟、一位蝦阿哥之言，而聽信妻言，以致喪失汗父委託於我指揮之大政。我乃殺掉我的妻子，手刃我之過惡，日後若仍以是為非，以惡為善，懷抱怨恨和敵意，我願受天譴責，不得善終。」

努爾哈赤雖然從感情上原諒了這個兒子，但已不可能再立他為太子了。

父王不喜歡母后，王子就幹出了殺母的禽獸惡行

清太祖努爾哈赤共有十五個兒子，每一個都不是善類，其中褚英、代善、莽古爾泰、德格類、皇太極、阿濟格、多爾袞、多鐸等更是驍勇善戰、勇猛絕倫。

可是，莽古爾泰雖然作戰兇猛、戰功赫赫，名聲卻很臭。

究其原因，是缺乏人性，曾做出過殺母惡行。

努爾哈赤共有四位大妃，佟佳・哈哈納紮青、繼妃富察・袞代、葉赫納拉・孟古、烏拉納喇・阿巴亥。

努爾哈赤愛這四位大妃，也因此格外器重這四位大妃所生的兒子。

元妃佟佳・哈哈納紮青生育有褚英、代善。

努爾哈赤曾先後把褚英、代善立為太子。只不過，褚英、代善的表現都差強人意，最終被廢黜，其中褚英還慘遭處死。

元妃佟佳・哈哈納紮青死得很早，繼妃富察・袞代原本是努爾哈赤堂兄威准的妻子，在威准亡故後改嫁給努爾哈赤，給努爾哈赤生下了兩個兒子（莽古爾泰、德格類）一個女兒（莽古濟）。

富察・袞代早年深得努爾哈赤寵愛。

《清史稿》記有一件富察・袞代與努爾哈赤共患難的光輝事蹟：萬曆二十一年九月，海西葉赫部糾合了周圍九個部落三萬兵馬分三路圍剿努爾哈赤。探馬連夜回報努爾哈赤：「敵人大兵將至！」時值半夜，大家都摩拳擦掌，準備跟隨努爾哈赤出兵迎戰。努爾哈赤卻制止說：「我若出兵，恐引起城中居民不安，且待天明出兵！」打發眾人回帳睡覺。富察・袞代得知敵人來攻，趕緊來找努爾哈赤。努爾哈赤卻已沉沉

睡熟。富察・袞代用力把他推醒，說：「九國兵馬來攻，你還睡大覺，究竟是昏昧還是畏懼？」努爾哈赤閉目答道：「我若是畏懼，又豈能安然入睡？我是無辜及正義的，天必佑我。」說罷，翻身再睡。次日，努爾哈赤領兵迎戰，果然大獲全勝。

葉赫納拉・孟古與努爾哈赤只生有一子，即後來的清太宗皇太極。

葉赫納拉・孟古與努爾哈赤的結合是葉赫部與建州聯姻的政治產物。建州同葉赫部交惡後，努爾哈赤曾將孟古的堂兄布齋貝勒劈作兩段，將其一半歸還葉赫。葉赫與建州從此不共戴天。孟古也在隨後不久抱憾去世。

烏拉納喇・阿巴亥生的阿濟格、多爾袞、多鐸均列「四小貝勒」之中。

廢黜了褚英、代善的太子位後，努爾哈赤沒有再定儲位。

但沒有明顯的跡象表明皇太極就是以後的汗位繼承人。

元妃佟佳・哈哈納紮青所生的代善、富察・袞代所生的莽古爾泰、葉赫納拉・孟古所生的皇太極，以及侄子阿敏並稱天命汗帳下四大貝勒。

代善是個被廢黜了的太子，屬於「問題人物」；阿敏只是努爾哈赤的侄子，在血緣上遠了一層。對皇太極繼承汗位有威脅的，就是莽古爾泰。

相對而言，莽古爾泰為富察・袞代皇后嫡出，在兄弟中排行第五，為三貝勒，共領有二十一個滿洲牛錄；皇太極是側妃孟古姐姐庶出，年紀比莽古爾泰小，在兄弟中排行第八，為四貝勒，領十八個滿洲牛錄，實力和地位均不敵莽古爾泰。

可是，最後繼承汗位的卻是皇太極。

為什麼會這樣？

史書對此語焉不詳，只含糊其詞地說：莽古爾泰人品不好。

莽古爾泰人品哪兒不好了？

莽古爾泰親手殺死了自己的生母富察・袞代！

親手殺死生母，那與禽獸還有什麼分別?! 這種人，直接死了算了，早死早超生，免留在世上污染地球、污染空氣，還談什麼繼承汗位？

但是，翻遍翻爛清朝早期史料，關於富察・袞代的死因，都沒有死於莽古爾泰的記載。

《清史稿・後妃傳》中也只是記「繼妃富察氏……天命五年，妃得罪，死。」

那麼，「莽古爾泰殺母」之說是怎麼來的呢？

來自皇太極對莽古爾泰的責罵。

《清史稿・莽古爾泰傳》記，天聰五年，皇太極與莽古爾泰發生了一場激烈衝突，皇太極怒斥莽古爾泰「是固嘗弒其母以邀寵者」。

皇太極與莽古爾泰發生的這場衝突，建州政權真正的檔案史料《滿文老檔》是有詳細記載的：

天聰五年（西元一六三一年）八月，皇太極率領八旗貝勒與後金大軍強攻大凌河。莽古爾泰和弟弟德格類負責攻打火力最猛烈的南面，兵員傷亡巨大。十三日，莽古爾泰跑到皇太極面前要求補充兵力，與皇太極發生了爭執，兩人差點發生肢體衝突，莽古爾泰拔刀相向，上演了著名的「御前露刃」事件。皇太極破口大罵莽古爾泰道：「爾年幼時，汗父是把爾與我一視同仁地養育的嗎？不

是，並不是！汗父並未授爾任何產業！爾身上穿的、嘴裡吃的，均我所剩。爾能夠生存下來，全賴有我！後因爾弒爾生母，邀功於父，汗父遂令附養於其末生子德格類家。爾做的醜事誰人不知？爾怎麼可以拔刀砍我？爾原係肌瘦將死之人也！」

看，皇太極的話中有「後因爾弒爾生母，邀功於父」之語，則編撰於清末民初後的《清史稿・莽古爾泰傳》就有了皇太極怒斥莽古爾泰「是固嘗弒其母以邀寵者」之句。人們因此認定莽古爾泰是個殘殺生母的禽獸。

並非正規的歷史著作、且成書同樣很晚的《清皇室四譜》也由此言之鑿鑿地記：「繼妃富察氏，名袞代，……天命五年二月以竊藏金帛，迫令大歸，尋莽古爾泰弒之，葬赫圖阿拉。」

顯而易見，《清皇室四譜》是結合了《清史稿・後妃傳》中「天命五年，妃得罪，死」和《清史稿・莽古爾泰傳》「是固嘗弒其母以邀寵者」的資訊敷衍出這段記載的。

不過，《清史稿・後妃傳》只記「妃得罪」，沒有交待得的是什麼罪。

那麼，《清皇室四譜》憑什麼說「繼妃富察氏」是因「竊藏金帛」而被「迫令大歸」的呢？

原來，《滿文老檔》還有一條這樣的記載：天命五年三月二十五日，努爾哈赤的庶妃塔因杳向丈夫告密，說大福晉送飯食給四貝勒皇太極，四貝勒皇太極不受；則其又轉送給大貝勒代善，後來發生了不正當關係。努爾哈赤大怒，派人調查此事，在多處發現了大福晉私藏的綢緞、蟒緞、金銀財物，即《清皇室四譜》所說的「竊藏金帛」。努爾哈赤因此宣佈道：「大福晉可不殺之，幼子患病，令其照看，我將不與該福晉同居，將其休棄之。」

《滿文老檔》沒有指出「大福晉」是誰，但清史研究專家孟森先生通過考證，認定這「大福晉」就是富察・袞代。

就這樣，上述瑣碎的材料被串聯到一起，成了一個很說得通的故事：富察・袞代對丈夫不忠，給丈夫努爾哈赤戴綠帽子，還「竊藏金帛」，被休掉了。富察・袞代的兒子莽古爾泰為了「邀功於父」，殘忍地殺害了母親。

不過，這個故事是經不起推敲的。

首先，孟森先生的考證就有問題。史料《星源集慶》記，富察・袞代死於天命五年二月，那麼，發生於天命五年三月二十五日的「竊藏金帛」事根本就不可能是富察・袞代。

而且，富察・袞代改嫁給努爾哈赤是萬曆十四年（一五八六年），這之前，她和努爾哈赤的堂兄威准是生育有兒女的，而代善生於萬曆十一年（一五八三年）。算起來，富察・袞代最大的兒女，年齡就和代善相當。試想想，這時候已經是年紀一大把的富察・袞代還有什麼心思去勾引自己名義上的「兒子」？而且，作為擁有眾多年輕美麗妃子的大貝勒代善，也不可能有這麼強烈的色心、有這麼強大的色膽去迎合自己的「母后」。再結合努爾哈赤說的話，「大福晉可不殺之，幼子患病，令其照看」，富察・袞代最小的兒子是德格類，生於萬曆二十四年，在天命五年已經是二十多歲的大人了，不應該是努爾哈赤口中的「幼子」。

所以，《滿文老檔》所說的「大福晉」不是富察・袞代，而大妃阿巴亥。阿巴亥這年三十一歲，努爾哈赤這年六十二歲。從阿巴亥的角度說，努爾哈赤年老，一隻腳都踏進棺

材了，她自己生的三個兒子均未成年，尤其是多爾袞、多鐸都還不滿十歲，屬於「幼子」，為了以後可以有依靠，做點飯食拉攏一下代善和皇太極，那是再正常不過的事。只是，努爾哈赤對年輕美貌的阿巴亥異常緊張，一聽人說阿巴亥和兒子有私情，就氣得不行，大動干戈，從嚴追查、從嚴處罰。

則富察・袞代獲了什麼罪，是怎麼死的，根本就是個未解之謎。

此後，我們再來看皇太極說的話。

在「後因爾弒爾生母，邀功於父」之後，皇太極還說了，「汗父遂令附養於其末生子德格類家」。汗父到底令誰附養於德格類家，沒有說清楚。

但仔細分析，指的就是富察・袞代。因為在「末生子德格類」之前，還有一個「其」字。

有人對皇太極這句話的理解是：莽古爾泰弒母以邀功於父，汗父於是命令莽古爾泰以後在德格類家「附養」。

如果按這個來理解，那就沒法解釋那個「其」字了。

而且，終努爾哈赤一世，都沒有對莽古爾泰進行過任何處罰，更沒有剝奪其牛錄等財產的記載，莽古爾泰為什麼要「附養」在德格類家？

且德格類是莽古爾泰的弟弟，不存在「末生子」之說。

所以，皇太極所說的意思應該是：莽古爾泰有弒生母以邀功於父的心思，努爾哈赤已經休掉了富察・袞代，不能再接她回來，但又不能讓她跟莽古爾泰一起生活，所以令「其」「附養」於「末生子」德格類家。

老實說，富察・袞代雖然獲罪被休，但她好歹和努爾哈赤共同生活了三十五年之久，《滿文老檔》中還留下了他們夫妻共抗九部聯軍時連床夜話的記載，努爾哈赤即使再恨她，也不忍心看著她被兒子殺掉，

於是命令她「附養」於「末生子」德格類家。這，也就說明她沒有被殺。

當然了，莽古爾泰的弒生母行為雖然沒有轉化為行動，但他有弒生母之心，也是人神共憤的事。所以，也很值得皇太極拿這事來污辱、埋汰他。

不過，皇太極在氣頭上罵出的話，其真實性也是值得懷疑的。

誠如前文所述，莽古爾泰為富察氏袞代皇后嫡出，自小有母親呵護；皇太極卻是側妃孟古姐姐庶出，而且孟古姐姐死的時候，皇太極才十二歲。兩人的地位、處境比較，莽古爾泰顯然要過得比皇太極好，皇太極有什麼資格說「汗父並未授爾任何產業！爾身上穿的、嘴裡吃的，均我所剩。爾能夠生存下來，全賴有我！」「爾原係肌瘦將死之人也」？

一句話，說莽古爾泰「手刃生母」，其實是以訛傳訛，子虛烏有。

大清奇案，上千人遭受牽連，公主慘遭凌遲

先科普一下，很多人受不嚴肅影視作品的影響，以為清朝的公主都稱為格格。

這其實是不對的。

格格一詞，滿語的意思為姐姐、姑娘，是對未婚女子稱呼，日常使用時並不分身分貴賤。清朝建立後，該稱呼被規定為對滿族貴族女性的某種封號，如「和碩格格」（親王的女兒，即「郡主」、「郡君」）、「多羅格格」（郡王的女兒，即「縣主」、「縣君」）、「固山格格」（貝子的女兒，即「縣君」。）

另外，清朝親王的低階妾有時也被叫做格格。

而國君的女兒，從清太宗起，就按照漢人習慣封為公主。

莽古濟是努爾哈赤和大福晉富察氏袞代所生的第三女，史稱三公主。因其曾在萬曆二十九年（一六〇一）嫁海西四部之一的哈達部部長吳爾古代，又被稱為「哈達公主」、或「哈達公主莽古濟」。

莽古濟嫁給吳爾古代是一樁政治婚姻。努爾哈赤把莽古濟嫁到哈達，就是要達到控制哈達及消滅哈達的目的。

莽古濟很好地完成了這個「無間道」任務。她把哈達虛實和所遇到的天災人禍全部毫無保留地通報給了父親。

這樣，在莽古濟嫁給吳爾古代的二〇多年後，努爾哈赤平滅了哈達，基本統一女真各部，建立了後金。

莽古濟和吳爾古代生育了好幾個兒女，其中的大女兒嫁給了代善的長子岳託，小女兒嫁給皇太極的長子豪格。

哈達滅亡了，不久，吳爾古代也病逝了，莽古濟已經做好了迎接寡居生活的準備。

然而，繼承了努爾哈赤汗位的弟弟皇太極卻另有打算。

為了籠絡漠南蒙古敖漢部，皇太極把莽古濟改嫁給了敖漢部首領瑣諾木杜棱。

莽古濟是二婚，身為敖漢部長的額駙也早就妻妾成群。

所以，這場婚姻註定不會美滿。

而且，瑣諾木杜棱心中早有一個最愛的人——心腹托古的妹妹。

莽古濟根本就融合不入瑣諾木杜棱的家。

莽古濟認為問題的癥結在于托古兄妹的存在，於是暗中請求皇太極除掉托古。

瑣諾木杜棱雖然投靠了後金，但對後金仍存在巨大的戒備心理，知道了莽古濟的背後舉動，大為吃驚，決定找機會發起反擊。

天聰五年（一六三一），皇太極統兵攻打明大凌河城。

莽古濟的同母弟弟莽古爾泰奉命在南線發起進攻。

莽古爾泰是努爾哈赤的第五子，正藍旗旗主，四大貝勒之一，論出身、地位都在皇太極之上，但名聲很臭。

曾經，莽古爾泰和莽古濟共同的母親富察氏袞代與大貝勒代善關係曖昧，努爾哈赤忍無可忍，以私藏財物為名將之休掉。莽古爾泰認為母親的所作所為影響到了自己的前途，一怒之下，操刀把母親殺了。操刀殺母，那可不是禽獸不如?!

這次進攻，大凌河城上炮火猛烈，正藍旗兵馬死傷無數。

莽古爾泰感到兵力不足，跑去請求皇太極把從正藍旗護軍抽調「出哨」的那部分以及編入其他旗的人調回，以增強戰場上的實力。

皇太極大為不滿，斥責正藍旗貪生怕死、作戰不力。

莽古爾泰一聽，不幹了，大聲反駁說：「皇上是不是故意為難我？我因為看你是皇上，事事都迎合你的意志，事事恭順，可你總不滿，你難道還想殺我不成？」

莽古爾泰越說越激動，竟把手放到了刀柄上。

其同母弟德格類就站在他身邊，看到他犯渾，急忙大罵莽古爾泰「大逆不道」，並打了他一拳。

莽古爾泰吃了這一拳，情緒更加激動，嗆啷一聲，刀拔出了五寸許。

德格類嚇得魂飛魄散，連推帶搡，把他推出御帳之外。

皇太極怒責眾侍衛說：「古人說：操刀必割，執斧必伐。朕養你等有何用?!有人露刃要害我，你們竟然呆立一旁無動於衷！」

當晚，在德格類的勸說下，莽古爾泰以自已飲酒過量，導致狂言失態為藉口，來向皇太極請罪，但皇太極拒之帳外，置之不理。

大凌河之戰結束，莽古爾泰因「御前露刃」事件被判革除大貝勒名號、奪五牛錄人口、罰銀一萬兩。

借這個機會，瑣諾木杜棱假借醉酒，話中有話、有意無意地向皇太極說：「皇上不應只依賴兄弟子侄，他們有謀害皇上之意……。」

瑣諾木杜棱的話引起了皇太極的警覺。

事實上，皇太極自登位後，一直想改變努爾哈赤時期所形成的四大貝勒共同佐政的模式，唯我獨尊。

天聰四年（一六三〇），皇太極就以二大貝勒阿敏擅自棄守關內四城為由，奪去其大貝勒稱號，終身幽禁。

現在，莽古爾泰既然要搞事，皇太極就用不著客氣了。

天聰六年十二月初二（一六三三年一月十一日），莽古爾泰突然「暴病身死」。

莽古爾泰殘暴的殺母行為早讓莽古濟不願認這個弟弟。但莽古濟的大女婿岳託卻對莽古爾泰流露出同情，當面質問皇太極「不知皇上與彼有何怨耶」？

天聰九年（一六三五），皇太極打敗蒙古共主林丹汗，獲得林丹汗八大福晉。皇太極從中選擇了兩位來充實後宮，將其中最有姿色的伯奇福晉賜給了兒子豪格，剩下的五位福晉也都賞給了代善和濟爾哈朗等人。

莽古濟替自己的女兒吃醋，匆匆從開原跑來責問皇太極：「你給豪格娶妻，那要置我女兒於何地？」爭論無果，莽古濟踢開營帳門，怒衝衝地上馬走了。

在營帳中的代善見過意不去，乘馬追趕，將莽古濟請進自己的營帳，設宴招待，還送了許多禮物。

皇太極借題發揮，說：「代善與莽古濟的關係本來並不好，但當我與莽古濟之間出現了矛盾，他就站在莽古濟一邊，這豈不是明著要跟我作對？」

皇太極責令代善第三子薩哈廉要勸諫父親的種種「惡逆之行」，召集諸貝勒、眾大臣、侍衛乃至家丁揭發代善的種種罪過，把許多粒芝麻陳穀子的事都抖了出來。

皇太極結合代善與莽古濟交好之事，把瑣諾木杜棱裝醉時說的那番危言聳聽的話公諸於眾，說莽古濟「惡虐讒佞」，並點了德格類、岳託、豪格三位貝勒的名，指責他們偏聽莽古濟的話，欲殺托古……。

批鬥會結，經諸貝勒議處：莽古濟被軟禁；嶽託罰銀一千兩；德格類與豪格各罰銀五百兩。

但事情並沒有結束。

這年（天聰九年）十月初二深夜，德格類和莽古爾泰一樣，突然「暴病身死」。

兩個多月後，即該年十二月二十六日，莽古濟的家奴冷僧機出來告發：莽古爾泰、德格類在生前與莽古濟等人結黨謀逆。

按照冷僧機的說法，莽古爾泰在被革除大貝勒名號後，憤憤不平，曾和正藍旗兩位親信主將屯布祿、愛巴禮，以及莽古濟歃血盟誓。莽古爾泰的誓言是：「我莽古爾泰已結怨於皇上，爾等助我，事濟之後，如視爾等不如我身者天地鑒之。」莽古濟等人的誓言：「我等陽事皇上陰助爾，如不踐言，天地鑒之。」

他們將誓書在佛前焚燒，準備籌備一場「鴻門宴」，請皇太極赴宴，在宴會中實施軾君活動。

刑部貝勒濟爾哈朗派出到莽古爾泰家搜查，果然就搜出十幾塊刻有「金國皇帝之印」的木牌。瑣諾木杜棱隨即也出面「自首」，為冷僧機的告發提供旁證。人證物證一應俱全，屯布祿、愛巴禮、莽古濟「謀危社稷」、「逆跡彰著」等罪名成立。最後的結果是：莽古濟公主凌遲處決；屯布祿、愛巴禮兩人及其所有親支兄弟、子侄全部被凌遲處決；同時被處死的還有莽古爾泰的三個兒子、莽古爾泰與莽古濟的同母異父兄長昂阿拉、袞代所生的十六子費揚古以及正藍旗的將士一千餘人。

原先的四大貝勒同坐，本來還剩下了代善和皇太極同坐。在血腥清洗的震懾下，代善主動提出不再同汗並坐，由汗面南獨坐，以體現汗權的至高無上。皇太極因此如願以償實現了乾綱獨斷、君主集權。

皇太極兼收並蓄充實後宮，增強實力及穩固統治

林丹汗是成吉思汗的嫡系後裔、達延汗的七世孫。他在十三歲繼承汗位時，蒙古各部已四分五裂。為了恢復成吉思汗當年的霸業，林丹汗成年後，給自己上尊號「神中之神全智成吉思隆盛汗」。然而，還沒等林丹汗將統一蒙古的計畫付諸行動，東方的努爾哈赤已經建立後金汗國，對林丹汗與明朝構成了巨大威脅。

這種背景下，最明智的作法，就是聯合明廷共同對付努爾哈赤。

林丹汗是這麼想的，也是這麼做的。

然而，努爾哈赤實在稱得上是個世間罕見的梟雄，不但殺伐兇悍，而且謀略出眾，軟硬兼施，不斷分

化蒙古諸部。

在與努爾哈赤鬥法的過程中，林丹汗處處被動、節節敗退。一六二六年八月，努爾哈赤病死。林丹汗以為勁敵已去，加額稱慶。哪料，繼承後金汗位的皇太極卻是個更加厲害的角色。

不過一年時間，林丹汗就被皇太極整得苦不堪言，被迫背井離鄉，舉部告別遼河套，踏上西遷之路。這次西遷，林丹汗的察哈爾部衣食沒有著落，只好通過侵犯明邊來解決。這樣，察哈爾部和明廷的友誼小船就此翻沉。而察哈爾部也由此走到了崩潰的邊緣。

一六三二年三月，皇太極遠征察哈爾林丹汗。

林丹汗被打得潰不成軍，倉皇渡黃河西去，最後病死於青海大草灘。

林丹汗的妻妾有「八大福晉」之說，林丹汗一死，這「八大福晉」和林丹汗的兒子額哲率領各支餘部自青海大草灘返回河套地區，相繼投降了後金。

滅亡了蒙古帝國，又意外得到傳國玉璽，皇太極歡天喜地地建立了大清帝國。

怎麼處置林丹汗的「八大福晉」呢？

皇太極的態度很明朗：兼收並蓄、充實後宮。

「八大福晉」之首，林丹汗的正室，多羅大福晉囊囊（史稱囊囊太后），姓博爾濟吉特，名娜木鐘（又一名為德勒格德勒），皇太極當仁不讓地笑納，封為麟趾宮（西宮）貴妃。

值得一提的是，娜木鐘嫁皇太極時，剛剛生下林丹汗的遺腹子阿布奈（阿布鼐）不久，皇太極也大大方方地將阿布奈收養在膝下，可謂恢宏大氣。（後來，阿布奈十歲那年，娶了寡嫂、清太宗皇太極的皇次

女固倫公主馬喀塔為妻。）

娜木鐘嫁給皇太極後，與皇太極恩恩愛愛，給皇太極生下了皇十一子襄昭親王博穆博果爾、皇十一女固倫端順公主。

再補一句，這個博穆博果爾也是有故事的人——順治曾給他戴了一頂綠油油的鐵帽子。

「八大福晉」中的蘇泰大福晉（史稱蘇泰太后），姓葉赫那拉，名蘇泰，給林丹汗生下了長子額爾克孔果爾額哲。額哲被稱為「蒙古的最後一個大汗」。皇太極將次女馬喀塔嫁給他，並封他為察哈爾親王。也許是蘇泰年歲太大的緣故，皇太極沒有納她入自己的後宮，卻也不願浪費資源，將她嫁給了堂弟濟爾哈朗。

「八大福晉」中的芭德瑪璪伯奇福晉也姓博爾濟吉特氏，名芭德瑪璪，皇太極將之納入後宮，封為衍慶宮（次東宮）淑妃。

「八大福晉」中俄爾哲圖福晉，被皇太極許配給了兄長阿巴泰，理由是俄爾哲圖原為阿巴泰已經去世的元配嫡福晉那拉氏的妹妹。

「八大福晉」中苔絲娜伯奇福晉，被皇太極許配給了自己的兒子豪格。

「八大福晉」中的斯琴圖福晉，在林丹汗死後改嫁了林丹汗屬下寨桑祁他特車爾貝為妻。

「八大福晉」中的蘇巴海福晉曾得到皇太極的熱情招待，史無下文。

「八大福晉」中的烏雲娜福晉被漠北某一部落俘虜以後下落不明。

皇太極一口氣娶了「八大福晉」中的兩個姓博爾濟吉特的蒙古女人，則後宮中便擁有了「一後四妃」。

說起來，另外的一後二妃也同樣是姓博爾濟吉特的蒙古女人。

首先，中宮皇后，姓博爾濟吉特氏，名哲哲，是皇太極的髮妻，是蒙古科爾沁貝勒莽古思的女兒。她嫁給皇太極，完全是一樁政治婚姻：為了加強蒙古科爾沁部和後金的結盟。

可惜，哲哲嫁過來後，光生女兒（生了三個女兒）不生子，科爾沁部和後金的盟友關係必須永遠牢固，這樣，她的兩個姪女海蘭珠、布木布泰又先後嫁給了皇太極。

五個後宮的五位女人都是同一個姓，這種奇觀在中國歷史上是獨一份兒。形成這樣的奇觀，並非巧合。

要知道，博爾濟吉特氏可是蒙古黃金家族的姓氏。

所謂蒙古黃金家族，是指成吉思汗的後裔。和蒙古黃金家族聯姻，無疑可以加強後金和蒙古黃金家族的聯盟。所以，不單單是皇太極娶科爾沁部博爾濟吉特氏的女人，他的兄弟，包括他的父親努爾哈赤也玩命地娶科爾沁部博爾濟吉特氏的女人。努爾哈赤對蒙古的撫綏分化和武力征討就是從科爾沁部開始的，並取得了完全的成功。皇太極也在這個基礎上打垮了林丹汗的察哈爾部。

林丹汗的「八大福晉」其實分別代表著八支力量。皇太極和他的兄弟、兒子分別娶了這些女人，則滿洲宗室也就同察哈爾部，甚至整個蒙古部族構成錯綜複雜的姻盟關係，最終化敵為友，化仇為親，有效地促進了清初事業的發展。

一代雄主皇太極的死亡之謎

清太宗皇太極是清太祖努爾哈赤的第八子。

《清史稿》對努爾哈赤的讚語是：天賜智勇，神武絕倫。努爾哈赤以十三副鎧甲起兵，征服建州，統一女真，建立後金，席捲遼東，威勢赫赫，稱得上世上罕見的英雄豪傑。清代雍正年間進士阮葵生所著《茶餘客話》卷一《清帝甲弓》記，瀋陽實勝寺收藏有一副努爾哈赤生前所穿用的甲冑，幾個人都舉不起來。

皇太極與乃父相較，不遑多讓。

《清史稿》對皇太極的讚語是：儀錶奇偉，聰明絕倫，顏如朱丹，不懼嚴寒。神勇蓋世，騎射精湛。皇太極長得比努爾哈赤更高大、更魁梧，能披重甲、開硬弓，臂力過人，武勇出眾，行軍打仗，縱馬馳射，從不疲倦。瀋陽實勝寺也同樣收藏有一張惶太極用過的弓，矢長四尺餘，大塊頭壯漢尚難以開弓，而皇太極當年卻運用自如。憑著這張弓，皇太極曾在遠征蒙古間隙的圍獵中，連續發矢，多有矢箭洞貫兩隻黃羊，足見臂力驚人。

皇太極繼位後，屢敗朝鮮，四面結盟，統一漠南，並在與明朝的松錦爭奪戰中，取得了舉世矚目的大捷，為清廷入關定鼎奠定了堅實的基礎。

可是，就是這樣一位武勇彪悍的雄主，竟然於崇德八年（西元一六四三年）毫無徵兆端地驟然而逝，年僅五十有二。

那天，皇太極還像往常一樣有條不紊地處理著各種政事，夜晚，端坐在清寧宮東暖閣內的南炕上批閱文件時，無疾而逝。

《清太宗本紀》是這樣記載皇太極的逝世的：「庚午，上御崇政殿。是夕，亥時，無疾崩，年五十二，在位十七年。」

體格健碩、精力過人，卻在五十二歲的年紀「無疾崩」，著實讓人難以置信。於是，圍繞皇太極的死，世間就流傳有種種猜測。其中，最具代表性的說法，是多爾袞與莊妃合謀害死了皇太極。武俠小說家金庸先生就沿襲了此說，在《碧血劍》中生動地描寫了多爾袞施暴刺死皇太極的過程。不過，在金庸先生筆下的情節，基本就是西門慶踢倒武大郎故事的翻版，虛構氛圍濃重，可信度很低。那麼，皇太極突然死亡的背後真相到底是什麼呢？說起來，很多人不會相信，皇太極這樣一位粗豪雄邁之主，竟然是個賈寶玉式的情種，為情所傷，黯然銷魂，最終鬱鬱而終。

憑什麼這樣說呢？

根據史籍記載，皇太極有名號的後妃共有十五人，這十五位後妃，其實都是政治婚姻的產物。皇太極的第一位後妃是萬曆四十三年（一六一六年）父汗努爾哈赤替他作主從漠南蒙古科爾沁部娶回的莽古思貝勒女哲哲。

努爾哈赤讓皇太極娶科爾沁莽古思貝勒女的目的很明確，就是要滿蒙聯姻。實際上，並不單單是八子皇太極娶了科爾沁莽古思貝勒女，努爾哈赤自己也娶了科爾沁郡王孔果爾之女博爾濟吉特氏；次子代善娶紮魯特部鐘嫩貝勒女；五子莽古爾泰娶紮魯特部納齊貝勒妹；十子德格類娶紮魯特部額爾濟格貝勒女；十二子阿濟格娶科爾沁部孔果爾女；十四子多爾袞娶阿爾寨台吉女。

據《清皇室四譜》第二卷記載，清太宗皇太極有蒙古妻七人，占其後妃總數的一半左右。其中地位最為尊貴的「崇德五宮後妃」，全部是蒙古族女子，有三位都是出自科爾沁部——莽古思一門。

天聰六年（一六三二年），皇太極廢除「四大貝勒並座」舊制，「南面獨坐」，便開始冊封後宮福晉。他把莽古思貝勒女哲哲冊封為後金國君福晉，稱中宮大福晉。崇德元年（一六三六年），皇太極立國號「大清」，稱帝，冊封五宮後妃，又將中宮大福晉哲哲冊封為清寧宮皇后，居中宮，史稱孝端文皇后，也稱為哲哲皇后。

即使這樣，皇太極對哲哲皇后的感情，還不能稱為真正的愛情，更多是政治上的利用。比如說，天聰三年（一六二九年），皇太極起兵征明，就得到了科爾沁部二十三位貝勒的率部追隨。其中主原因，不言而喻。

而由於哲哲皇后沒有產下皇子，為了鞏固滿蒙姻親關係，天命十年（一六二五年），哲哲皇后的姪女布木布泰也嫁給了皇太極為妃（即後來在歷史上大名鼎鼎的莊妃）。

遺憾的是，莊妃嫁過來過了九年時間，只產下兩女，沒完成鞏固滿蒙姻親任務；於是，天聰八年（一六三四年），皇太極又娶了莊妃的胞姐海蘭珠。

一般人看來，皇太極娶海蘭珠的初衷，還是政治上的需要。而且，這時候的海蘭珠已經二十六歲了，在古代，算得上「人老珠黃」了。

可是，海蘭珠卻別有風情，皇太極與之見面成了親後，便一頭紮進愛河，如膠似漆，難捨難分。皇太極稱帝冊封五宮後妃時，海蘭珠後來居上，被冊封為宸妃、「東宮大福晉」，地位僅次於哲哲皇后。

皇太極還借《詩經》中「關關雎鳩，在河之洲」的名句來給海蘭珠的居所命名為『關雎宮』，把海蘭珠喻為自己心中的「女神」！

崇德二年（西元一六三七年），「女神」海蘭珠誕下皇太極的第八子，皇太極激動得流下了眼淚，破例舉行盛大的慶典活動，並頒發大赦令。

寵妃生子，大赦天下，是不合禮制的。但皇太極不管不顧，對於海蘭珠的愛，他已不能自拔，願意傾盡所能，來博取「女神」展顏一笑。

在慶典活動中，皇太極無視時年已經三十歲的長子豪格的存在，當眾宣佈這個八阿哥就是自己的皇位繼承人。

皇太極還封海蘭珠的母親為和碩賢妃，賞賜儀仗。對科爾沁博爾濟吉特氏一門大加封賞。

可惜，這位八阿哥福薄，半年之後就夭折了。

海蘭珠傷心欲絕，身體每況愈下。

失子之痛，皇太極也不能自已。但他更難過的是海蘭珠的消瘦和衰弱。

他對海蘭珠悉心呵護，殷殷眷顧。

崇德六年（西元一六四一年）農曆八月十四日，松山戰事危急，皇太極帶著嚴重的鼻衄病，流著鼻血，馳奔前線。

經過一個月的反復較量，戰局已經扭轉，全面的勝利即將到來。

然而，九月十二日，朝中大臣滿篤裡、穆成格等從盛京（瀋陽）來到軍營，報告了宸妃病危的消息。

一向沉著冷靜的皇太極霎時方寸大亂，於十三日早上匆匆上路，日夜兼程向盛京方向疾馳。

六百里路，皇太極累死了六匹駿馬，花了六個日夜走完。

可是，海蘭珠還是沒能撐到皇太極回來，已香消玉殞了。

皇太極目睹愛妃遺容，如遭雷擊，連續六天六夜不吃不喝，並一度在慟哭中昏迷不醒。諸王大臣、後宮嬪妃把皇太極救醒後，全部跪請皇上節哀。

但皇太極還是堅持要親自為愛妃操辦喪事，下令按國葬規格優厚置辦喪殮之禮。葬禮過後，皇太極沒有回清寧宮居住，仍然住在宮裡臨時搭起的帳幄之中，朝夕悲痛，飲食頓減，萎靡不振。

看著皇上變成這副模樣，大臣們紛紛勸解。

皇太極原為一代雄主，神志猶清，自知過於悲悼，也表示要振作，說：「天之生朕，原為撫世安民，今乃過於悲悼，不能自持。天地祖宗，知朕太過，以此示警。朕從今當善自派遣也。」

大臣們因此建議他到蒲河射獵，藉以消愁解悶。

打獵途中，經過宸妃墓，皇太極仍是不能自製，痛哭不已。

可以說，海蘭珠的去世，皇太極的魂魄已經消散得差不多了。

皇太極似乎也知道自己去日無多，在諸王及妻子兒女們奏請祭祀宸妃時，黯然神傷地說：「山峻則崩，木高則折，年富則衰，此乃天特貽朕以憂也。」

終於，為情所困的皇太極在崇德八年（西元一六四三年）農曆八月初九這天夜裡停止了呼吸，追隨他深愛的宸妃去了。

第三章　滿清入關了

多爾袞說他的功績更勝周公，死後卻慘遭毀墓鞭屍

明崇禎十七年（一六四四年）四月三十日，自一片石兵敗而還的李自成託名「到郊外祭天」，倉皇撤出了北京。

五月初二，清攝政王多爾袞在吳三桂的導引下，率軍進入北京城。

原本，吳三桂是打著為明復仇的旗號殺回來的。北京官紳士民並不知道吳三桂已經投清，以為吳三桂殺敗了李自成，奪回了明太子朱慈烺，正送回北京即位，爭相頌揚吳三桂之「忠義」，搬出了專門迎接皇帝的鹵簿法駕出城迎接。

當八旗「辮子軍」奔騰而來，眾人在驚慌錯愕中，只好將錯就錯地請多爾袞乘輦進城。

多爾袞一本正經地說：「我是效法周公輔佐幼主的，不可以乘輦。」

有人說：「攝國事周公也曾有過，今宜乘輦。」

多爾袞半推半就，下馬拜天，行三跪九叩首禮，又行三跪九叩首禮予關外盛京皇宮，然後乘輦進入武英殿，坐上了寶座。

多爾袞是清太祖努爾哈赤第十四子，清朝第三位君主順治帝的叔父，雄材大略，是世間罕有的豪傑人物。

學者李亞平在其著作《帝國政界往事：前清秘史》中稱，清朝之所以能成就百年基業，最大原因就是多爾袞擁有兩個傑出的兒子：皇太極、多爾袞。

清史研究專家李治亭更稱，在清朝開國史上，攝政王多爾袞無疑是決定清朝命運的關鍵人物之一。他

在明清興亡的關鍵時刻，毅然決策進關奪權；又在關鍵時刻，指揮關鍵的山海關決戰，一舉擊敗李自成，清朝順利進關；再決策，定鼎北京；國家初成一統！從一定意義上說，多爾袞之開創清朝歷史新紀元，與努爾哈赤之開國奠基一樣，同具深遠的歷史意義。

多爾袞不僅是一個傑出的軍事家，更是一個傑出的謀略家、政治家。

天聰七年（一六三三年），皇太極對於先打明朝、朝鮮、察哈爾這三個地方中的哪一個拿不準主意。是多爾袞力主以征明為先，定下了興國大計。

此次，吳三桂與李自成相鬥，事先向多爾袞請兵，又是多爾袞敏銳地看準了時機，力排眾議，接受吳三桂的請求，順利進關，並一舉佔領了北京。

穩定了北京局勢後，多爾袞又一錘定音，決定將大清首都由瀋陽遷到北京。

關於這個問題，在女真貴族高層發生了激烈爭論。

以阿濟格為首的反對派認為清軍入關太快、補給不足，根基未穩，不宜遷都。

多爾袞卻從統一中原、雄霸九州的高度出發，提出了統一和管轄整個中國的總戰略目標，定下「建萬年不拔之業」大計。

順治元年（一六四四）九月，多爾袞奉迎兩宮皇太后和幼帝福臨入京，定鼎中原，實現了努爾哈赤和皇太極夢寐以求的夙願。

順治元年（一六四四）十月，順治帝在太和門（時稱皇極門）重行即位大典時，加封多爾袞為叔父攝政王，並令為多爾袞建碑紀功，「永垂功名於萬世」。

叔父攝政王多爾袞也的確像周公輔佐成王一樣，盡心王事。

他接收了明朝的現成政治體制，制定各種內外制度；重用漢官，倚重范文程、洪承疇、馮銓等人；規劃好南下進軍路線，分兵征戰，在明清王朝更替的歷史中起了重要作用。

因為功勳卓著，順治二年（一六四五年），順治帝晉封多爾袞為皇叔父攝政王。

多爾袞位居一人之下，萬人之上。

能力越大，職權越大，責任也越大。

多爾袞當仁不讓地總攬朝綱。

順治三年（一六四六年）五月，多爾袞認為每次調兵遣將都要向皇帝奏請鈐印，工作效率太低，直接遣人將收貯於皇宮的皇帝璽印都搬到自己的府中收藏備用。

即皇帝璽印從此成為了多爾袞的「私人物品」。

在職權上，多爾袞已經和皇帝沒有很大的差別了。

事實上，多爾袞所用儀仗的種類已經與皇帝相同，都是二〇種。

而在順治五年（一六四八年）末，順治帝又把多爾袞「皇叔父攝政王」中的「叔」字去掉，成為了「皇父攝政王」！

也就從這個時候開始，多爾袞即使未奉皇帝旨意，也大大方方地稱詔下旨。

順治七年（一六五〇年）八月，多爾袞追尊生母太祖妃烏喇納拉氏，尊為「孝烈恭敏獻哲仁和贊天儷聖武皇后」，祔享太廟。

向來，只有皇帝才可以追尊生母為皇后，多爾袞儼然已以皇帝自居。

然而，讓人意想不到的是，這一年（順治七年，一六五〇年）十一月，正值盛年的多爾袞在出獵時不

慎墜馬跌傷，一病不已，薨於古北口外喀喇城，年三十九歲。

順治帝率王大臣縞服痛迎多爾袞遺體，於該年十二月下詔追尊多爾袞為「懋德修道廣業定功安民立政誠敬義皇帝」，廟號成宗；不久，又尊多爾袞正宮元妃博爾濟吉特氏為義皇后，祔享太廟。

多爾袞生前沒有做皇帝，死後終於當上了皇帝。

但這皇帝僅僅「當」了兩個多月，就劇情反轉，出現了逆天一幕。

順治八年（一六五一年）二月，有人揭發多爾袞生前曾制八補黃袍等物，有謀逆之心。剛剛親政的順治立刻下詔，將多爾袞削爵，撤出宗廟，開除宗室，追奪所有封典，籍沒家產人口入官，並且，毀其墓、鞭其屍。

僅僅只是「有謀逆之心」，多爾袞竟然死也不得安生。

究其原因，皇權向來就是不容別人覬覦的。就算你沒有染指，只要動過這方向的心思，就是萬劫不復、罪不容誅。

多爾袞有否動過廢黜順治帝自己取而代之的心思，除了他本人，誰也不知道；而以多爾袞的當時權勢論，他要取代順治帝，也真不是多大的難事；但他終究沒有做出不軌的舉動，單就這一點，順治帝實不應全盤否定他的功績。

東晉權臣桓溫曾有「九錫」之請，這明顯是要篡位的前奏。但「九錫」之禮未得，其已病逝。則篡位跡象未現，東晉王朝仍追贈其為丞相，諡號宣武，賜九旒鸞輅、黃屋左纛等物。

另外，如白居易詩中說的，「周公恐懼流言日，王莽謙恭未篡時」，周公攝政之初，曾經有人懷疑周公是要篡位，但周公最終未篡；而在王莽攝政之初，人們都以為王莽會是像周公一樣的忠誠，王莽卻篡漢

建新，建立了他的新莽王朝。「向使當初身便死，一生真偽復誰知？」

一百年後，乾隆帝當政時，終於將多爾袞的鐵案翻了過來，復其封號，「追謚曰忠，補入玉牒」，稱其「成一統之業，功勞最著」。

從孝莊下嫁多爾袞說開去

滿清政府有兩個很有名的女人，一個是清初的孝莊皇太后，一個是清末的慈禧皇太后。

慈禧皇太后的斑斑劣跡天下有目共睹，這裡就不多說了。

至於孝莊皇太后，清朝自康熙以後的各代君主，都對她尊崇備至，極盡歌功頌德之事，把她尊為清朝的國母，在陵寢祭祀方面也把其放在首位。

可是，孝莊皇太后曾經做的一件醜事，卻很讓清朝政府抬不起頭來，諱莫如深。

這件事，即孝莊皇太后曾下嫁給攝政王多爾袞。

孝莊皇太后姓博爾濟吉特氏，名字叫布木布泰，是蒙古科爾沁部貝勒塞桑的女兒。

清太祖努爾哈赤的後金時代，蒙古各部落為了與之結好，就玩命地與努爾哈赤一家通婚、結親。

這種背景下，塞桑先是把妹妹哲哲嫁給了皇太極，但久未生子。

未能生子，則科爾沁和後金的結盟就不夠牢靠，怎麼辦？嫁，繼續嫁，嫁女人過去，直到生出兒子為止。

於是，塞桑把自己的二女兒布木布泰、也就是孝莊也嫁了過去，依然是嫁給皇太極。

孝莊嫁過去後，光生女兒，連生了兩個，沒有兒子。

歲月不等人，不能等皇太極老了不能生了再吃後悔藥。於是，塞桑咬咬牙，又把大女兒海蘭珠、即孝莊的親姐姐嫁了過去，還是嫁給皇太極。

想想看，科爾沁博爾濟吉特氏竟然有姑侄三人同嫁給了皇太極，這關係真夠亂，也真夠鐵的。

不久，孝莊的姐姐海蘭珠生下了兒子，孝莊也生下了兒子。

說起來，還是孝莊的命好，海蘭珠雖說生下了兒子，但不久就和兒子相繼病死了。這樣，孝莊和她的兒子就獨得皇太極恩寵。

但皇太極也是個短命鬼，不久便晏駕了。

皇太極一死，皇位繼承就成為了最緊迫的大問題，朝中剎那間就出現了諸王爭位的混亂局面。其中以努爾哈赤十四子多爾袞和以皇太極長子豪格為首的兩大政治集團劍拔弩張、互不相讓，內訌流血事件一觸即發。

最終，滿清貴族內部各派系作出了平衡，即讓孝莊的兒子福臨即位，即後來的順治皇帝；多爾袞擔任攝政王。

這裡面，孝莊有沒有和多爾袞達成什麼交易，不得而知。

清軍定鼎北京後，多爾袞控制了全部軍政大權。

這個時候，多爾袞若要除順治而自立，實現自己稱帝的夢想，應該不是太困難的事。

可是，野心勃勃的多爾袞終於沒有做出篡位之事。個中原因，是他被封為了「皇父攝政王」。

皇父，啥意思？就是皇帝的父親，太上皇。

皇上和太上皇的權力可以說有天淵之別，多爾袞想做的是皇上，可不是太上皇，怎麼給封一個太上皇

就糊弄住了呢？

原來，是順治他娘孝莊皇太后嫁給多爾袞了——您都已經娶了我娘了，您還不是我的父親啊？

這一招實在是高！

孝莊太后下嫁之日，明朝遺臣張煌言曾作《建夷宮詞》戲謔說：

上壽稱為合巹樽，慈寧宮裡爛盈門。
春官昨進新儀注，大禮恭逢太后婚。

實際上，滿洲剛從原始、落後、野蠻的社會形態進化、脫胎而來，本著資源不能浪費的原則，部落內部向有「兄死弟娶其嫂」的習俗，這根本就不是什麼大不了的事兒，誰也沒過多把這事兒放在心上。

可是，隨著漢化程度的加深，特別是到了康熙朝，滿清上上下下受到了漢儒家文化的影響，開始鄙視此前滿清的許多習俗。子收父妾、弟娶兄妻，這、這成何體統?!根本就無別於禽獸嘛！

康熙本人表面處處顯示出對漢文化的不屑，其實，他是受漢文化影響最深的。

比如說，滿清人起名字，一般是就地取材，沒有姓氏，直接以樹林、房屋、高山、河流，甚至野蠻的種類為名，這才有了努爾哈赤（意為野豬皮）、舒爾哈齊（小豹子）、多爾袞（小獾豬）等等粗俗難聽的名字。

對這種名字，康熙覺得很難為情，他效仿明太祖朱元璋，給自己的兒子們採取了規範性起名的做法，每人的名字取兩個吉利字，其中一個是所有兒子共用的排行字，胤；另一個有共同的偏旁，「示」。後來

就出現了胤礽、胤禎、胤禛等等一大批好聽又好叫的名字。

應該說，康熙是很尊敬孝莊太后的，他稱讚說：「全賴聖母皇太后鞠養教誨以至成立。」又說：「設無祖母太皇太后，斷不能致有今日成立。」

但孝莊嫁叔之事，康熙引以為恥。

一六八七年，孝莊皇太后死了，享年七十五歲。按照祖制，要運她的屍體到關外與皇太極合葬。

康熙斷斷不能接受！

在康熙看來，孝莊就是個經過兩次婚姻的「祥林嫂」，到了陰間，還不得讓兩個男人搶得死去活來？

康熙想了個招，謊稱自己夢見了祖母太皇太后孝莊，祖母說，太宗皇帝已經埋那兒四〇多年了，卑不動尊，不能驚動他，我不能和他合葬，而且我心裡面一直是惦記著你父子，不忍遠去，你把我埋在你父親身邊就行。

當時，順治皇帝葬在清東陵，康熙讓人把孝莊皇太后的屍體抬到清東陵，但還是覺得埋在順治身邊會汙損了先人，猶豫了，只讓停在風水牆之外。

順治皇帝的陵墓在風水牆之內，孝莊皇太后的屍體在風水牆之外，沒抬進去。

沒抬進去就不能下葬。

不下葬就不下葬吧，這事兒讓康熙頭痛得要死。

於是，直到康熙自己都掛了，孝莊皇太后的屍體還在那兒擱著，擱了足足三十五年。

康熙的屍體下葬了三年，到了一七二五年，康熙的兒子雍正才把孝莊皇太后匆匆下葬了事。

後世也因此認為，就因為孝莊給大清愛新覺羅家族抹黑、丟臉了，所以死後連門都進不去。

孝莊下嫁多爾袞，本是這樣一件明擺著的事兒，現在，卻成了一件謎案。之所以成為謎案，完全是清朝統治者，特別是康熙、雍正、乾隆這三個獨裁者所製作的登峰造極的文字獄造成的。

清王朝禁書、毀書的規模、品種，及文字獄的時間的長短、手段與政策的殘暴，都超過了前代，稱得上是中國封建社會禁書的集大成者。

清朝的文字獄已經達到了神經質、喪心病狂的地步，稍有一點冒犯到皇家的威儀、觸及皇家的利益、危及皇家的統治地位，一律格殺勿論。

想想看，像孝莊下嫁這類不倫醜事，清統治者還可能讓與之有關的文字存世嗎？

清軍入關時，曾在揚州等地展開了瘋狂的屠城活動，可是由於清政府嚴酷的文字獄，清末以前大部分人對清軍屠殺事件一無所知。直到清末有心人士將一本流傳到日本的《揚州十日記》日本帶回，「揚州十日」事件才廣為世人所知。陳天華在《獅子吼》裡很驚奇地寫道：「有當時一個遺民，於萬死一生之中，逃出性命，做了一本《揚州十日記》，敘述殺戮之慘。」

著名學者王彬編撰了一部《清代禁書總述》，梳爬索引出許多被清朝政府銷毀了的書目（只存書目，已無書籍）林林總總，共有三二三六種，龐大的書目群讓人觸目驚心。

最變態的是，清朝政府為了達到深度愚民的目的，連進步的科技書籍也一古腦銷毀、禁絕。

像明朝人撰寫的《軍器圖說》，本來是介紹製作先進槍支大炮的，當時中國的槍支大炮已優於西洋火器，但因為清朝統治者的蠻橫禁絕，則到了清康乾時期，明代火器之長已全數喪失，中國已遠遠落後於西洋。

可悲的是，清廷上上下下還自鳴得意，聲稱活在「盛世」之中。除了焚毀書籍，滿清還系統的對明代檔案進行了銷毀，保守估計，有不少於一千萬份明代檔案被清政府銷毀了。

《清代禁書總述》的編者王彬曾說：「乾隆編纂《四庫全書》的目的昭然若揭，並不是對中國文化進行全面整理，而是寓禁於修，包藏禍心的。這種挖補，抽換，刪改的手法，正如魯迅所說，是乾隆對中國古籍的暗殺，以至我們使用《四庫全書》時不免疑心惶惑。」

有人通過不完全統計，清代乾隆帝編纂四庫全書時銷毀了對滿清不利的書籍總數，據統計為一萬三千六百卷。焚書總數，十五萬冊。銷毀版片總數一七〇餘種、八萬餘塊。

為何把清廷頒佈漢人剃髮的惡策歸咎於這個漢人？

明清交替，山河動盪。劇烈的社會大變革把許許多多歷史人物的思想、性情以及本質的東西折現無遺。形形色色的眾生相中，孫之獬絕對是一個另類。

和臭名昭著的吳三桂、洪承疇等人一樣，孫之獬也是一個降明降清的奸人。雖說孫之獬的名氣沒有吳三桂、洪承疇等人大，但有一項記在他名下的「惡行」讓萬千漢人對他恨之入骨。

這「惡行」是什麼呢？

《清朝野史大觀》清朝史料載：清初入關，衣冠服飾，一概沿襲明朝制度。明朝降臣，皆束髮頂冠，

衣著長袖大服。朝堂之上，殿陛之間，分滿漢兩班站立，長時間相安無事。原明朝山東進士孫之獬為標異而示親媚，率先剃髮改換滿人服飾，站入滿班。滿人認為他是漢人，不受；孫之獬自討沒趣，只好重歸漢班。但漢人認為他穿的不是漢人衣冠，不能相容。孫之獬進退無措，狼狽之極，羞憤之下，上疏建議，說：「陛下平定中國，萬事鼎新，但衣冠束髮制度，還保留原樣，這等於是陛下從中國而非中國從陛下。」皇帝覽奏大加歎賞，於是頒發剃髮令。此令一下，東南士人百姓無不椎心飲泣，挺螳臂以當車。「揚州十日」、「嘉定三屠」的曠世奇禍，皆為孫之獬一念躁進所釀。滿漢相懟，永無休止；這也成了清廷的一大失策。

清初文人王家楨在《研堂見聞雜記》也載：山東進士孫之獬陰為計，率先剃髮迎降，以冀獨得歡心，歸滿班，滿人以其為漢身，不受。歸漢班，漢人以其為滿飾，不容。於是羞憤上疏，導致削髮令下，中原之民、江南百萬生靈，盡膏草野。孫之獬貪慕富貴，一言激之，釀成如此荼毒無窮之禍！

不難看出，這兩則記載都強調一個問題：雖說剃髮留辮是滿清逼迫漢人臣服的惡政，但奏請強令漢族剃髮的，卻是身為漢人的明朝降臣孫之獬！

試想想，為了違抗滿清的「剃髮令」，中原士人、江南百姓死了何止千千萬萬！如果孫之獬真是導致滿清頒發「剃髮令」的始作俑者，的確是萬死不足抵其罪、應當遭受漢人萬世子孫的詛咒。

但事實真相果然是這樣嗎？

首先，清廷迫令漢人按照滿洲習俗剃髮穿衣的做法並不是入關後才提出的。早在努爾哈赤的後金時代，努爾哈赤就制定了本國臣民服飾的基本原則。繼承了努爾哈赤事業的皇太極更是以歷史上金朝被漢化而滅亡的下場為鑒，明確規定：滿人絕不得學習漢人服飾。皇太極說：當年金朝人入關，輕易地改變了祖

宗的服制，不親弓矢，喪失了本民族騎射的特長，最終招致敗亡。我們絕不能重蹈覆轍，後世代子孫絕不得變更祖制！

由此可見，入關以前，清廷統治者已經把衣冠服飾問題上升到政治問題來看待了。

而從當時的情況來看，無論是努爾哈赤還是皇太極，他們所打下的遼沈諸地，都無一例外地勒令當地軍民人等剃髮易衣。即剃髮易衣早成定制。大漢奸吳三桂在山海關迎戰李自成時，是先剃髮才得到多爾袞相助的。而清軍從山海關殺入北京途中，也一路勒令逃亡百姓「各還鄉里剃髮迎降」。並且，清廷進入北京之後，第一時間就頒佈了剃髮之令，嚴斥「有雖稱歸順而不剃髮者，是有狐疑觀望之意」、嚴厲要求「凡投誠官吏軍民皆著薙發。衣冠悉遵本朝制度。各官宜痛改故明陋習，共砥忠廉。」

不過，由於清軍初來乍到，立足未穩，面臨的種種問題千頭萬緒，這一次頒佈的剃髮令並未能認真貫徹。真正把「留頭不留發，留發不留頭」的惡政落實到位的剃髮令，是在這之後的第二年六月下達的。而這一次剃髮令的頒佈，也與孫之獬無關。因為，清廷自己的解釋是：「向來剃髮之制所以不即劃一，聽令自便，蓋欲天下大定，始行此制。」

之所以要把這樣一盆污水潑到孫之獬頭上，是因為孫之獬本來就很汙。

有多汙呢？

在很多人的認識裡，明天啟朝的死人妖魏忠賢是一個超級大壞蛋、人渣、下三濫。孫之獬是山東淄川大莊村人，舉進士後由檢討遷至侍講，依附閹黨，是閹人魏忠賢的死忠。《明史・倪元璐傳》中記，當崇禎帝下令將閹黨所編《三朝要典》焚毀時，他竟當眾痛哭。孫之懈此舉，為明末士林所不齒，為天下所笑。

孫之獬身為閹黨中人，則在崇禎清除閹黨的運動中被削職為民。

就因為這個，孫之獬對朝廷心生怨恨，清廷入關，他便迫不及待地迎跪馬前請降，並且搶先剃髮，因此得以與陳名夏、金之俊等人同得清廷獎賞的「紅紗蟒衣一襲」。

依附閹黨、率先降清，這兩點中的任一點，都足以說明孫之獬是個奸人。

對待這種奸人，民間口舌也用不著客氣什麼了，把清廷頒佈剃髮令的根源歸咎於孫之獬，那也理直氣壯、理所當然了。

不過，話說回來。

按照一般人理解，像孫之獬這種主動迎降、又善於獻媚的敗類，應該是首鼠兩端、貪生怕死的小人。但從孫之獬的生平表現來看，又並非如此。

比如說，他明知崇禎已下令銷毀《三朝要典》還要公開站在崇禎的對立面放聲痛哭，也算得上有幾根硬骨頭。

事實上，孫之獬的骨頭也真硬，不是幾根，而是全身。

崇禎末年，民軍四起，襲擾城池。棄官在家的孫之獬就散盡家貲，以一介文士之身率眾守城，避免淄城遭受破壞。

清廷初期統治是很嚴酷的，孫之獬降清後，在朝廷上頗負敢諫之名。他曾就宦官問題、官員結黨問題等事上疏，與當政的多爾袞抗爭。

有趣的是，孫之獬被明崇禎革職而恨上了崇禎，以致有明臣拒絕降清而要為崇禎盡忠時，孫之獬很不屑地譏笑說：「崇禎這種人也值得你為他盡忠！」

孫之獬降清後，矢志含環結草，報答清廷知遇之恩。順治二年（一六四五年），清軍攻取九江，孫之獬上疏請行，自稱「志士忠臣每思垂名竹帛」，「一生勳業，留俟今日」，因此得授兵部尚書兼都察院右副都御史頭銜南下。征戰三年，孫之獬應召還朝，卻被江西總兵金聲桓劾其擅權，遭革職，永不敘用。順治四年（一六四七年），山東人謝遷舉兵抗清，聲勢浩大。罷官在家的孫之獬主動協助淄川知縣劉修己守城。但民軍勢大，不久城破。孫之獬死狀極慘，按照《淄川縣誌》的說法是，「皆備極淫慘以斃」。孫之獬被五花大綁長達十多天，五毒備下，受盡折磨。民軍將他的四個孫子孫蘭茲、孫蘭藂、孫蘭藪和孫蘭藹被一同綁來，當著他的面一個個處死。但是他罵不絕口，始終不肯求饒。最後，民軍把孫之獬的雙唇用大針密密縫起，肢解而死。

同為降臣的陳名夏、金之俊兔死狐悲，建議朝廷給孫之獬復官、賜恤。清廷當政者多爾袞刻薄寡恩，沒有批准。最終孫之獬身後一無所獲。

順治為何選定比自己年長的人為繼位者?清人的解釋不可信

康熙大帝是清人入關後的第二位皇帝，其文治武功，堪比唐宗宋祖，被後世稱為千古一帝。

但是，康熙的父親順治帝在去世前，最初擬定的帝位繼承人並不是他。

儘管官方提供的順治遺詔上白紙黑字地寫：「朕子玄燁，佟氏妃所生，岐嶷穎慧，克承宗祧，茲立為皇太子，即遵典制，持服二十七日，釋服即皇帝位。」

但這份遺詔，其實是孝莊皇太后和輔政大臣反覆核商後集體篡改成的。

很搞的是，遺詔裡，還模仿順治的口氣，積極地展開自我批評，一共檢討了十四項過失呢。

所以說，這份遺詔並不完全代表順治本人的意志。

德國傳教士湯若望在明天啟年間就來到了中國，在順治朝擔任欽天監監正，與順治帝、皇室中很多人及當時的名公巨卿有良好關係，他的生活回憶錄中有記：「一位繼承的皇子尚未詔封，皇太后立促皇帝做這一件事情。皇帝想到了一位從兄弟，但是皇太后和親王們的見解，都是願意皇帝由皇子中選擇一位繼承者。」

湯若望這段記錄說的是，順治在臨死前所擬立的帝位繼承人並不是他的兒子，而是他的堂兄。

這個堂兄是誰呢？

饒餘親王阿巴泰的第四子岳樂！

阿巴泰是清太祖努爾哈赤第七子，很早就跟隨努爾哈赤南征北討了。其在努爾哈赤建國前的辛亥年（一六一一）首演處子秀，驚豔一時。當時，年僅二十三歲的阿巴泰率一千人遠征烏爾固宸和穆棱二地，《滿文老檔》記「俱克之，共俘獲一千。」此後，便以其兇悍堅忍的作風開始了三〇餘年的戎馬生涯，可謂身經百戰，威名卓著。

阿巴泰的代表作是崇德七年（一六四二）任大將軍自長城黃崖口南下，以急風暴雨之勢闖入大明境內，在兩個月內縱貫直隸、山東，並蹂躪江蘇一部，攻克城鎮九十四座，俘虜三十六萬人，掠獲黃金十二萬兩，銀二二〇萬兩。唯其如此，不能見容於桀驁不馴的大貝勒阿敏、莽古爾泰的皇太極偏偏對阿巴泰敬愛有加，即使阿巴泰常常口出怨言、發牢騷，也一笑置之。

阿巴泰共有五子，有爵位者四人：尚建、博和托、博洛、岳樂。

尚建、博和托、博洛均在順治九年前就去世了。順治去世這年，岳樂三十七歲，比順治帝大十三歲，正值鼎盛華年。

順治最初為什麼要把帝位傳給比自己大了十三歲的堂哥而不是傳給自己的兒子呢？

官方的說法是，順治帝是出於「國賴長君」的想法。而且，岳樂是清王入關後諸王當中最傑出者之一。的確，岳樂對清朝入關後的穩定與發展做出了許多有目共睹的功績。

順治三年，岳樂和豪格一起征討踞四川，率部擊斬了大西王張獻忠；此外，又率軍駐歸化城（今呼和浩特市）防外蒙古喀爾喀部土謝圖汗、車臣汗，促使兩汗入貢。政治上，全力支持順治帝的一系列改革，大膽啟用漢人，停止圈地等等。

可以說，岳樂不僅是出色的軍事家，也是出色的政治家。在順治朝後期，他以親王之尊，主持議政王大臣會議，決策軍國大政，乃是清朝最高統治集團的核心人物之一。

很多清史專家也認為，在滿洲人建立的後金，直到清初，它還維持著以家庭為中心的政權，兄弟、叔侄，都是這一政權的核心人物。

有人舉例，清太祖努爾哈赤死前，並沒有想到遺命哪一個兒子為繼承汗位；而清太宗皇太極當了十七年領導者，也絲毫沒有表現也要一意培植自己的長子豪格的跡象。反而，通過《大清太宗文皇帝實錄》，多處可見其對弟弟多爾袞青眼有加。再有，努爾哈赤建立的四大貝勒共同議政制度中，位列四大貝勒之中的阿敏，也只是侄子而已；同樣，皇太極所倚重的四小貝勒中，也有堂兄弟濟爾哈朗。

關於皇太極的繼位，按照《八旗通志》《大清太宗文皇帝實錄》等書的說法，完全是代善、岳託、薩哈廉父子合議及支持的結果。

康熙帝的孫子、皇八子胤禩的兒子弘旺在自己的著述《皇清通志綱要・功勳名臣錄》中坦然記載：「天命十一年，歲次丙寅，八月十有一日，上龍馭升遐。我族祖、兄、禮親王父子作議書，推戴我太宗文皇帝，三讓而登大寶。」

代善的七世孫、第九世禮王昭槤在《嘯亭續錄》中也沾沾自得地寫：我讀全祖望的《鮚埼亭集》，上面記載有明朝吏部考功司主事夏允彝說的話：「東國的禮烈親王（禮親王代善死後諡「烈」，世稱「禮烈親王」）能屬遵成命，推讓大位給弟弟；又能為弟弟捍禦邊圉，舉止和古代聖賢根本沒什麼分別，他的國家怎麼能不興旺壯大？」這是夏允彝稱讚我祖宗禮烈親王的讓國壯舉啊。只不過世間傳聞變味了，不知道我的祖宗禮烈親王擁戴文皇帝是出於至誠至敬之心，實際上，高皇帝（指努爾哈赤）最初是沒有指定繼位人的。另一個明朝大臣董崇如也在寫給朋友的信中說：「東國部主雖然年老，他的兒子代善雄鷙非常，才略不在當年西夏開國雄主李元昊之下，將來一定成為我朝的大威脅。」夏允彝和董崇如都是明朝的忠臣烈士，還這樣推尊禮烈王到這種程度，則禮烈王的神武英略可想而知。

湯若望的回憶錄也有關於代善的評價：代善，是努爾哈赤的長子，因此他是皇帝（指順治帝）的大伯父，為各親王中的第一位親王。努爾哈赤死後，他情願讓位給他的一位幼弟。且當他的這位幼弟，就是崇德皇帝死去之後，他又和他的八個兒子退避不爭王位。他把皇室和國家的安寧，看成是高於一切的重要。比及他的兒子之中，有一個因為在大位的繼承上把他漏脫而怨恨不服時，作為父親的代善，竟親自舉發他的這個兒子的大逆不道，並親臨刑庭以法官的資格贊成判處他的這個兒子的死刑。在執刑時，他決不動容地眼看著人們怎麼樣用大鉗子裂殺了他的兒子。

湯若望高度讚揚努爾哈赤的子弟們，說他們常能「為了國家的利益肯於犧牲個人的私利」，所以「從

一開頭，他就明白這些人在以後必會戰勝明室的」。

在清朝官方的檔案資料中、清朝子弟的記載裡、清朝國際友人的回憶錄中，清初的皇室子弟，包括在順治繼位時「讓位」的多爾袞等人，都是堯舜一類的聖人，以國家利益高於一切，不計較個人的任何富貴和權勢。

但是，像褚英、舒爾哈齊、莽古爾泰的慘死、多爾袞死後還遭到掘墓鞭屍的殘酷史實卻是難於抹殺的。在皇太極和順治的兩場繼位活動中，雖然沒有造成大面積的流血事件，但卻是各方勢力平衡、妥協後的結果，其中同樣是危機四伏、時時閃爍著刀光劍影。

康熙的繼位還算平穩，但順治最初要把帝位傳給岳樂，原因也並不是順治有聖人之風。

順治是清朝的第三位君主，後世很喜歡拿他和清朝倒數第三位君主同治相提並論。

這兩個人都是六歲登上帝位，都是二十歲左右死於天花（一說同治死於梅毒），都有一個強勢的母后。孝莊皇太后和慈禧皇太后都是大清朝最為強勢的女人。

很多人都知道，同治其實是間接地被慈禧迫害死的。

同治帝喜歡皇后阿魯特氏，而阿魯特氏為慈禧所厭惡。慈禧「棒打鴛鴦」，勒令同治遠離皇后，要同治與自己所喜歡的慧妃富察氏同房。同治帝憤然獨宿乾清宮，後因寂寞難耐，偷溜出宮，才染上了病毒。

很多人卻不知道，順治帝與孝莊皇太后的母子關係比同治帝與慈禧的母子關係也沒好到哪兒去。

順治帝的皇后是孝莊皇太后的內姪女——吳克善之女，但順治帝喜歡的卻是董鄂妃。

迎娶孝莊皇太后的內姪女為皇后，是多爾袞一手操辦的政治包辦婚姻。

順治內心是抵觸多爾袞的，大婚當晚，順治便「另居側宮」，拒絕與之同房。

多爾袞死後，順治完成了對多爾袞的清算，接著，便手腳麻利地廢黜了這位皇后。孝莊皇太后卻又從大清門抬入了吳克善的孫女，指定為順治帝的第二位皇后。為了董鄂妃，順治又積極籌備第二次廢後活動。這樣，董鄂妃就成了孝莊皇太后的眼中釘、肉中刺。

可以說，董鄂妃是順治帝和孝莊皇太后母子失和的重要因素。而董鄂妃在孝莊皇太后所製造的巨大壓力下，戰戰兢兢、如履薄冰，終於得病，香消玉殞。

作為對母親的報復，順治帝一度削髮，準備逃禪為僧。此舉最終因孝莊皇太后要處死為順治剃度的茚溪森和尚而使順治打消了出家的念頭。但，順治在重病難治的時候，指定由堂兄接任帝位而不是兒子，其實也是對母親的另一種報復。

康熙繼位的原因，其實非常簡單

中國封建社會最後一個盛世時期——康乾盛世的開創者愛新覺羅・玄燁，即康熙大帝，在很多歷史專家的眼中，算得上千古一帝。

細數起來，康熙大帝的功績有：削平三藩、統一臺灣、抵禦外侵、重農治河，發展生產、興文重教。康熙大帝在位六十年，經濟高度發展，清朝成為當時世界上幅員最為遼闊、人口眾多、經濟最富庶的帝國。

拋棄掉震爍古今的治國功績不說，單就個人的能力和才幹而言，康熙大帝文武雙全，身上有獨特的風采和魅力。

康熙自幼就對儒家學說充滿濃厚興趣，認為「殊覺義理無窮，樂此不倦」，其本人精通漢學義理，多次舉辦博學鴻儒科，組織編輯與出版了《康熙字典》《古今圖書集成》《曆象考成》《數理精蘊》《康熙永年曆法》《康熙皇輿全覽圖》等圖書、曆法和地圖。而在武藝方面，康熙帝不但自小練得一身騎射本領，而且有過一箭射死猛虎的記錄（此事發生在康熙二十二年）；相傳，他還在馬上連發三箭，箭箭射過山峰峰頂，該山峰因此被命名為「三箭山」。康熙帝晚年曾親口對群臣、侍衛說：「朕自幼至老，凡用鳥槍弓矢獲虎一百三十五，熊二十，狼九十六，野豬一百三十二，哨獲之鹿凡數百，其餘射獲諸獸，不勝計矣。又於一日內射兔三百一十八。」

康熙真不愧是一位世間罕有的奇才。可以說，康熙繼位成為入關後的第二代皇帝，不但是大清王朝的幸運，也是中華民族的幸運。

順治帝一共有八個兒子，其中的皇長子牛鈕、皇四子榮親王很早夭折。順治十八年，順治帝辭世前，尚有皇次子福全、皇三子玄燁、皇五子常寧、皇六子奇綬、皇七子隆禧、皇八子永幹。

這麼多兒子，順治是根據哪一點判斷出康熙會是以後的明君聖主、有能力把大清朝的事業推向鼎盛的？清朝官方史書有這樣的記載：康熙六歲時，曾和福全、常寧一起向順治問安。順治詢問他們兄弟將來的志向，常寧沒有回答，福全說做一個賢明的親王就可以了。康熙卻胸有成竹，奶聲奶氣地說：「待長而效法皇父，黽勉盡力。」順治因此「屬意焉」。

這個記載是不靠譜的。

清太祖努爾哈赤在連立褚英、代善兩位繼承人失敗後，曾創建了一個和碩貝勒共治國政制度，認為

「一人縱有知識，終不及眾人之議」，要求一國之君必須是「能受諫而有德者」。努爾哈赤死後，女真貴族就根據這一條推舉出一代雄主皇太極。皇太極死後，順治帝的登位也是經過女真貴族共同協商、核議，作為一種權力平衡而出現的產物。

順治晚期，八旗貴族的權力還很強大，中央還不能集權，皇權還不能隨意支配一切。順治作為入關後第一代皇帝，根本不敢推翻祖制。

而且，康熙和福全、常寧兄弟幾個，不過黃口小兒，哪能根據黃口小兒的幾句答話就能決定國家繼承人的大事呢？

雖然史書記載，康熙的繼位就是順治帝遺詔欽定，但順治的遺詔還是皇太后和輔政大臣反覆核商、反復修改後完成的。

則康熙繼位，屬於孝莊皇太后和輔政大臣共同推舉出來的結果。

那麼，康熙是因為什麼被推舉成繼位人的呢？

其實，問題遠沒有後人想的那麼複雜。

康熙之所以能繼位，是因為他生過一場病。這場病的名字叫「天花」。

天花，在當時是一種幾乎與死亡劃等號的傳染性惡疾，感染上它的人，死亡率極高。

攝政王多爾袞的弟弟多鐸就是感染上天花死的；順治的愛妃董鄂妃也是感染天花死的；順治本人的死因也是感染上了天花！

當時在清朝中央服官的西方傳教士湯若望是這樣描述清廷統治者對天花的恐懼的：「如同一切滿洲人一般，順治對於痘症有一種極大的恐懼，因為這在成人差不多也總是要傷命的。在宮中特為奉祀痘神娘

娘，是另設有廟壇的。或許因為他對於這種病症的恐懼，而竟使他真正傳染上了這種病症。」

推舉康熙繼位，雖然是皇太后和輔政大臣共同推舉的結果，但順治的意見也佔有很大的決定因素。湯若望記：「一位繼承的皇子尚未詔封，皇太后立促皇帝做這一件事情。皇帝想到了一位從兄弟（指順治的堂兄安親王岳樂），但是皇太后和親王們的見解，都是願意皇帝由皇子中選擇一位繼承者——這樣皇帝最後……封一位庶出的、還不到七歲的皇子為帝位之繼承者。當時為促成這一決斷所提出的理由，是因為這位年齡較幼的太子，已經出過天花，不會再受到這種病症的傷害……這位這樣被擇的皇帝，後來在康熙的年號之下，竟成了中國偉大君主。」

康熙能被推舉為儲君，原因就是如此簡單。

第四章　康熙大帝

同是打獵，擱別的帝王身上是昏君，擱康熙身上就是聖主？

和許多野外活動一樣，打獵是一項充斥了驚險、刺激，又能讓人體驗成就感和滿足感的活動。

大散文家吳伯蕭的作品《獵戶》有一段話很能觸動人的心弦：「跟著尚二叔打獵，在我是歡樂的節日，幫著提提藥葫蘆，都感到是很美的差使。尚二叔打獵很少空著手回來，可是也不貪多。夏天的水鴨，秋天的雉雞，冬天的野兔，每次帶回不過兩隻三隻。打獵歸來是一種地地道道的凱旋，背了獵獲的野物走在路上，連打獵的助手也感覺到有點兒將軍的神氣。獵罷論功，我的要求不高，最得意是分得一枝兩枝雉雞翎。」

看看，就這麼一項伴隨著血腥味的獵殺過程，原來也可以這麼富有詩意呢。

尋常百姓，或者以打獵為生的獵戶打獵，在古時候，的確會閃現有一些英雄的色彩。《水滸傳》裡的解珍、解寶兄弟，就是這樣的人物。

即使景陽崗上沒能制服那只吊睛白額老虎的獵戶，也得到了民眾的尊敬。

可是，作為國家的最高統治者，一旦喜歡打獵，那麼，老百姓往往會在他的背後罵上一個「呸」字。在其位不謀其政，打獵，不該是你做的事，你偏要做，那就是玩物喪志，不把國家大事當回事兒，你就是昏君，應該遭到我們的唾棄。

歷史上的第一昏君不就是商紂王嗎？

史書上說商紂王幹過的壞事太多，「罄竹難書」，寫也寫不完，愛好打獵也是其中一條，但被他的傑作「酒池肉林」蓋過了，就不多說了。迄今，在朝歌古城的東北九公里處，還有一個叫「鷹犬城」的地

方，據說，這就是商紂王狩獵的地方。

喜歡打獵的昏君還有很多。

後趙的石虎，也是其中比較著名的人物。

石虎超愛打獵，晚年身體肥胖，馬匹承載不起，他就命人製作了打獵用的車子一千輛，每輛車子都設置了三層樓，自己就坐在這樣的車子上，參與和指揮打獵。

為了過足打獵癮，石虎把中原腹地（今河南、山東一帶）上千里的土地劃為皇家狩獵區，原來的老百姓全部遷走，在這個區域內，哪個膽敢捕殺野獸，全部殺頭。

基本和石虎同時代的桓玄，也是個「打獵迷」。桓玄篡晉自立後，同樣因身體肥大騎不了馬，就向石虎學習，讓能工巧匠打造獵車，上面安裝了可以轉動的機關，美其名曰：「徘徊輿」。

當然了，喜歡打獵最為有名的還不是他倆，而是遼天祚帝耶律延禧。

遼國人是馬背上的國家，天祚皇帝生來就喜歡騎馬打獵，宋人范仲熊說遼天祚帝是「盤於遊略」，導致亡國，是昏君中的大昏君。

奇怪的是，清朝的康熙帝也是一個酷愛打獵的主，一生中巡幸、行圍的次數多得讓人數不過來，而且每一次打獵都是曠日持久的大行動，但在清代的官修書中，卻未對康熙帝的打獵行為有任何微詞，還頌聲不斷，說皇上這是「武備不懈」，通過打獵來「維持國家根本」，是一代聖主。

這種論調，延續到今天，很多歷史學者在評論康熙的打獵行為時，都沿用了清朝史官的頌詞，還別出心裁地加上了許多讚語，說康熙帝的打獵不但可以練兵、練體力，還可以加深與朝廷大臣以及蒙古王公的感情。

康熙帝也對自己的打獵行為沾沾自矜。

為了方便打獵，康熙大興土木，命人在熱河興建行宮。

可笑的是，康熙把宮址選在熱河，明明是看中了這兒的風景瑰麗，還一本正經地說，「惟茲熱河，道近神京，往還無過兩日」，即離京師較近，便於處理政事，自己在這兒避暑、打獵，不會影響到朝政的處理和中央對地方的治理。

康熙帝在避暑山莊一口氣建了三十六個景區，每年在這兒廝混的時間比在大內和暢春園停留的時間都要長。

康熙帝為了說明自己在這兒並不是享樂，而是一直在忙，煞有介事地寫了一篇《避暑山莊記》，說自己「一遊一豫，罔非稼穡之休戚；或旰或宵，不忘經史之安危」，雖然表面上看來是享樂，其實是一直在忙，忙著處理國家政事，所有的遊幸休閒都是為了天下蒼生，所有的享樂過程都在思考政事和建立太平盛世。

康熙帝還說，他到山莊避暑，已經有力地維護了北方的安寧、促進了熱河開發和民生發展。

一句話，別看我人在避暑勝地避暑，但一直在以「先天下之憂而憂，後天下之樂而樂」精神謀劃著國事。

然而，不管康熙怎麼說，他的巡幸和打獵行為根本就是遊樂。朝廷每年都得花費鉅資購買或調教上等鷹犬。儘管清朝的官修史書對此諱莫如深，有時候還是露出了馬腳，比如說，有一年，康熙帝秋獵，皇八子允禩獻上一隻鷹，康熙帝看鷹的品相和品質不夠上乘，竟然大發脾氣，對允禩大加責難。

還有，康熙帝每次出京、回京，所經之處，民間都要平整、清掃道路，地方上也避免不了要有徭役之征和對隨駕從行官員所有吃喝拉撒的照管，可謂滋擾嚴重。曾有議政大臣因此上奏說，皇帝「每年出口

行圍，勞苦軍士」，有所不當。康熙帝大為不滿，下諭辯白並強調武備的重要，他還舉例說西北用兵的勝利：「皆因朕平時不忘武備，勤於訓練之所致也，如若憚於勞苦，不加訓練，又何能遠至萬里之外而滅賊立功乎！」

想想看，當年的明武宗因為光顧京郊南海子（即南苑）就被《明史》斥責為「耽樂嬉游」，給戴上了昏君的帽子，康熙帝卻為自己的巡幸和打獵冠上了「勤於訓練」的美譽。看來，這世上，很多東西都是對人不對事的啊。

有意思的是，康熙帝駕崩後，朝鮮使臣李枋是這樣向朝鮮國王報告清朝國情的：康熙皇帝以游獵為事，鷹犬之貢，車馬之費，為弊於天下。朝臣若隸於臂鷹牽狗，則以得近乘輿，誇耀於同朝矣。

康熙帝的兒子雍正帝即位，也許是聽到了民間的一些議論，下令免除宛平、順義、懷柔、密雲、平谷五縣，昌平一州明年（雍正元年）的錢糧，這麼做的原因是在替康熙帝擦屁股——他說，「（先帝）巡幸所經州縣，小民無不除道清塵，趨事恐後……朕念此路百姓，歷年殫力」，故而予以體恤。

接下來，雍正帝還「詔罷鷹犬之貢，以示不用，而凡諸宮中所畜珍禽異獸，俱令放散，無一留者」，以平息人們對康熙帝遊獵的訾議。

康熙朝的儲位之爭，觸目驚心

在封建社會裡，皇位的繼承是帝國的根本大事，這件事，如果不處理好，很有可能演變成大面積流血事件，甚至是帝國崩裂、中原陸沉。

中國最後一個封建王朝——大清王朝，自努爾哈赤開國，並未建立儲君制度。這就使得努爾哈赤死

後，屍骨未寒，他諦建的後金內部便發生了激烈的汗位之爭。所幸，努爾哈赤早早確立了八旗制度和四大貝勒共理朝政的制度，作為四大貝勒之一的皇太極出類拔萃，其軍事才能、謀略、威望遠在其他三大貝勒上，最後在角逐中勝出，順利地繼承了汗位。

皇太極的體魄雄健，雄才大略、高瞻遠矚，氣吞萬里如虎，根本沒料到會在五十二歲的年紀便突然猝死。

由於皇太極生前未立皇儲，臨終前又沒留下遺詔，諸貝勒間又興起了一場皇位爭奪戰。皇太極的長子豪格和努爾哈赤生前最鍾愛的第十四子多爾袞互不相讓，差點就要兵戎相見。諸王大臣經過協議折衷，採取了平衡原則，推舉年方六歲的福臨登位，由多爾袞擔任攝政。

福臨吸取了祖輩、父輩的教訓，早早就指定了皇三子玄燁，即後來的康熙為自己的帝位繼承人。康熙也因此認識到提前指定帝位繼承人的好處，也在自己二十二歲時參照漢族封建王朝的「嫡長制」，冊立剛滿周歲的嫡長子胤礽為皇太子，建立了立儲制度。

可是，這種制度並非滿洲舊制，宗室貴族內心並不認同。當其他皇子成年封爵，便拉幫結夥，向皇太子的儲君地位挑戰，使統治集團出現了嚴重的危機。

康熙一共有三十五個兒子，有的早死了，沒起名就死了，胤礽是康熙的第六個兒子，但排序為老二。他之所以能被立為皇太子，是因為他是皇后所生，是嫡子，而且是唯一的嫡子。

康熙冊立胤礽為皇太子，不但對他進行百般護理關照，也對他進行特別教育。

康熙十七年，三藩之亂鬧得很凶，胤礽得了天花，康熙急得不得了，連續十二天守候在胤礽身邊，連奏章都無暇批答。

康熙在親征葛爾丹的時候，讓皇太子胤礽留守京師，諭「凡事俱著皇太子聽理」。胤礽也很有能力，處理起政務來，「舉朝告稱皇太子之善」。

就這樣，皇帝和儲君之間二十年來相安無事。

可是，也就在這二十年時間裡，皇長子胤禔、皇三子胤祉、皇四子胤禛、皇五子胤祺、皇七子胤祐、皇八子胤禩相繼成年，分別封為郡王、貝勒，開府稱藩，各有部屬。除皇五子胤祺、皇七子胤祐外，其他皇子都各有一黨，開始了皇位繼承人的爭奪。他們共同攻擊的目標就是已立為皇太子的胤礽。

皇太子有很深的背景的，他母親的父親噶布喇是領侍衛內大臣。他母親的叔叔索額圖是大學士，當朝宰相，領侍衛內大臣。

索額圖看到皇太子處於不利地位，擔心康熙會聽信諸皇子黨的饞言改易儲位，於是鋌而走險，潛謀大事，準備通過搞宮廷政變來搶班奪權。

康熙有所覺察，氣得不行，憤然說道：「朕不卜今日被鴆，明日遇害，晝夜戒慎不寧。」盛怒之下，康熙處死了索額圖，敲山震虎，要皇太子吸取教訓。

但是，皇太子非但沒有收斂，反而變本加厲，採取了更加激烈的沽動。

康熙四十七年（一七〇八年），康熙忍無可忍，在木蘭圍場的布林哈蘇台行宮宣佈廢黜皇太子。康熙沉痛萬分地斥責皇太子「不法祖德，不遵朕訓，惟肆惡虐眾，暴戾淫亂」，以「專擅威權」等將之幽禁咸安宮。

這一年，康熙已經五十五歲了，他在當眾宣佈他這個諭旨的時候，老淚縱橫。宣諭完了之後，撲倒在地，由別人將他攙扶起來。

這之後，康熙連續七天七夜不思茶飯，無心睡眠。

由於過度傷心，康熙還得了中風，右手不能寫字，得用左手批答奏章。

此役，皇太子黨全軍覆滅，諸皇子黨大獲全勝。

皇太子被廢，儲位虛懸，眾皇子的較量愈加殘酷，殺人於無形。

皇長子胤禔認為唯一的嫡子已被廢，接下來必立長子。他喜氣洋洋地向康熙提出誅殺胤礽，以免後患。他稱「今欲誅胤礽，不必出自皇父之手」，自己願意做提刀之人。

胤禔這一表現讓康熙又氣又怒，痛斥其「不諳君臣大義，不念父子至情」，是「亂臣賊子」。

胤禔見勢不好，轉頭與皇八子胤禩結成同盟。

無論如何，皇長子胤禔實力非小，是其他皇子忌憚的對象。

皇三子胤祉抓住時機，揭發胤禔曾用巫術鎮魘皇太子胤礽。

胤禔因此被革去郡王，幽禁。

皇長子黨成員轉而投到皇八子胤禩帳下，皇八子黨勢力暴增。

皇八子胤禩有才有德，康熙也考慮過要不要立他做皇太子。

康熙四十七年（一七〇八年）十一月，康熙在京師暢春園搞了一次盛大的選舉皇太子的「官意測驗」，要滿漢文武官員在除胤礽、胤禔二人之外的諸皇子中舉奏一人為皇太子。

康熙放話說：「眾議誰屬，朕即從之。」

天子無戲言。

皇八子黨人多勢眾，以大學士馬齊為首，很多人都書「八阿哥」三字於紙。

康熙一看，倒吸了一口涼氣：敢情打倒了一個皇太子黨、一個皇長子黨，現在又冒出了一個皇八子黨，而且勢傾朝廷，不得了，真不得了！

康熙越想越後怕，憤然痛罵擁護皇八子胤禩的諸臣，說他們「殊屬可恨」。

康熙還說出了出爾反爾的昏話：真要立了皇八子胤禩，那他還不在你們的掌握之中了？你們還不得多方簸弄他了？哼哼，要真立了皇八子胤禩，那立皇太子的事都是由你們決定的，還要朕幹什麼?!

當晚，康熙痛苦萬分。

為堵塞諸子爭儲之路，次日，康熙表示只能重走立嫡長子一途，擬復立胤礽為皇太子。

康熙四十八年（一七〇九年）三月初九日，康熙宣佈復立皇太子胤礽，遣官告祭天地、宗廟、社稷。

對於自己廢而復立的行為，康熙是這樣解釋的：「皇太子前因魘魅，以至本性汨沒耳。因召至於左右，加意調治，今已痊矣。」

為了彌合皇子間的分裂，康熙分別給諸皇子晉爵、加封，並說了很多兄弟手足要相親相愛的話，要諸皇子同心協力輔佐胤礽。

但康熙的目的並沒有達到。

復出的胤礽再次成為眾矢之的，諸皇子磨刀霍霍，在「暢春園選舉」功敗垂成的皇八子胤禩更是憤憤不甘，一場更加血腥的搏殺就要展開。

為了能在重圍中突出，新的皇太子黨成員又重走先前舊皇太子黨的老路，準備先發制人，逼迫康熙退位，讓皇太子早正大位。

康熙五十年（一七一一年）十月，事泄，兵部尚書耿額、刑部尚書齊世武、步軍統領托合齊等被治罪。

齊世武死得很慘，五體被釘在牆上，活活釘死。

康熙下諭旨痛斥皇太子黨人，他說：「諸大臣皆朕擢用之人，受恩五十年矣，其附皇太子者，意將何為也？」

改年，即康熙五十一年（一七一二年）的九月三十日，康熙正式宣佈再次廢黜皇太子，他說：「皇太子胤礽自復立以來，狂疾未除，大失人心，祖宗弘業斷不可託付此人。朕已奏聞皇太后，著將胤礽拘執看守。」

這次廢黜皇太子，康熙對左右說自己「毫不介意，談笑處之」，並拒絕再預立皇太子，他故作輕鬆地說：宋仁宗三十年未立太子，我太祖皇帝並未預立皇太子，太宗皇帝亦未預立皇太子。漢唐以來，太子幼沖，尚保無事；若太子年長，其左右群小結黨營私，鮮有能無事者。……今眾皇子學問、見識，不後於人，但年俱長成，已經分封，其所屬人員未有不各庇護其主者，即使立之，能保將來無事乎？

可是，康熙五十一年（一七一二年）以後，不但皇八子黨勢力越來越大，活動步步加緊；皇三子黨也以胤祉「論次當立」為由，志在必得；皇四子胤禛也漸漸露出奪儲氣象；皇九子胤禟口頭上支持胤禩，但暗中也為自己積極積蓄勢力。另外，由於皇十子胤䄉、皇十四子允禵已經封爵；皇十三子胤祥、皇十五子胤禑、皇十七子胤禮先後成年，紛紛捲入諸皇兄之黨，鬥爭更加擴大化和複雜化。

康熙抱病於床，心境蒼涼，寄語諸子說：「日後朕躬考終，必至將朕置乾清宮內，爾等束甲相爭耳！」

康熙話中有話，說的是春秋五霸之一齊桓公的典故。齊桓公死後，諸子相攻，屍體被射滿了箭矢，而且，兩個多月未能入殮，蛆蟲成群。

康熙朝的儲位之爭，是大清王朝最激烈、最殘酷的宮廷鬥爭，驚心動魄、觸目驚心。

康熙是否有過傳位給皇十四子胤禵的意思

中國歷朝歷代帝王中，因為立儲一事搞得焦頭爛額的不計其數，其中搞得最為痛苦、最為狼狽不堪的就數康熙皇帝。

康熙皇帝號稱一代英主，文治武功不在唐宗宋祖之下，為了立儲，也曾學習漢族帝王立嫡立長的做法，早早就冊封了皇太子。

可是滿洲貴族不吃這一套，都擇主而事，分結在各成年皇子帳下，向皇太子發起圍攻。

皇太子以寡敵眾，自然遠處下風，為求突圍，只能鋌而走險，暗中蓄勢，準備發起宮廷政變，早登大寶。

康熙沒有辦法，只好下令廢黜皇太子。

這一做法，極大地鼓勵到覬覦帝位的各個皇子，大家摩拳擦掌，鬥爭更熾。

沒奈何，康熙只好又重新恢復皇太子的身分。

如此一來，不過又回到了廢黜皇太子之前的狀態：皇太子仍處於其他皇子的重圍之下，其反敗為勝的辦法，只能是逼迫康熙退位，自己登基，絕棄群望。

但對康熙而言，不到咽氣一刻萬不能鬆開手中權柄。

於是，史上絕無僅有的怪事出現了：先後兩次立同一個人為儲君，又先後兩次將這個人的儲君之位廢黜！

立儲大事，被英主康熙弄得如同兒戲一般。

康熙本人，經過這兩場廢立鬧劇，心力交瘁，終於病倒。

第一次廢黜皇太子，發生在康熙四十七年（一七〇八年），五十五歲的康熙在宣佈這個決定時，老淚縱橫，昏倒在地。這之後，連續七天七夜無心寢食。並且因過度傷心，還得了中風，右手不能寫字，得用左手批答奏章。

康熙五十一年（一七一二年）二廢皇太子，康熙的身體更是每況愈下。他自己說：「自康熙四十七年大病之後，過傷心神，漸漸不及入時」；「朕今氣血耗減，勉強支持」；「近日多病，心神恍惚，身體虛憊，動轉非人扶掖，步履難行」；「神不守舍，心失怡養，目不辨遠近，耳不分是非，食少事多，豈能久存」？

此外，儲位虛懸，諸皇子間鬥爭趨白熱化。其中又以皇八子黨的勢頭最盛。

康熙除了擔心自己身體不堪其苦得病暴死之外，更擔心會遭受刀光之災。為了自身安全，不得不收羅武藝高強的能人異士對自己進行保護，以防不測。

當皇帝當到這個境界，堪稱失敗。

康熙自己也承認：「倘得終於無事，朕願已足。」

看到康熙的衰樣，皇八子胤禩開心極了。

皇太子胤礽從太子寶座上被推下來，出力最多的就是皇八子胤禩。

胤礽初次被廢，皇八子胤禩的勢力霎時暴增，差點就在康熙舉行的暢春園會議中成功當上儲君。

胤礽再次被廢，皇八子胤禩更是野心勃勃，對儲位志在必得。

最過分的是，康熙五十三年十一月，在康熙沉屙病重之際，皇八子胤禩竟然挑釁似的給父親獻出了一隻將斃之鷹，意存嘲弄。

康熙被氣得「心悸幾危」，召集諸皇子，痛罵皇八子胤禩是「賤婦所生，自幼心高陰險」，是「吳三桂再世」，為謀得皇太子，「與亂臣賊子等結成黨羽，密行險奸，謂朕年已老邁，歲月無多」欺君妄上，欲圖不軌。

說到痛楚處，康熙鬚髮抖動，灑淚泣血，一字一頓：日後若有行若豬狗的阿哥為皇八子胤禩興兵構難，逼朕遜位而立皇八子胤禩，朕惟有含笑以歿了！

康熙還明確表示：「自此，朕與胤禩，父子之恩絕矣！」

康熙雖然這樣恨皇八子胤禩，但皇八子胤禩已與皇九子胤禟、皇十子胤䄉、皇十四子胤禵結成死黨，在朝廷內外擁有強大的勢力，局勢弩張劍拔，內亂一觸即發。

康熙因此也不敢輕舉妄動，提心吊膽，時時處在緊張提防之中。

康熙自己冒著冷汗說：「（胤禩）因不得立為皇太子，恨朕切骨，伊之黨羽，亦皆如此。」又說：「此人黨羽甚惡，陰險已極，即朕亦畏之。」

宮中局勢，雖是密雲不雨，卻也是黑雲壓城，所有當局者的神經，都崩得緊緊的。

畢竟，薑還是老的辣。

康熙五十七年（一七一八年），康熙率先打破僵局。他走出了一步異乎尋常的妙棋：以皇十四子胤禵為撫遠大將軍，受命西征。

這年（康熙五十七年）春，準噶爾部首領策妄阿喇布坦出兵進攻西藏，拉藏汗請求朝廷發兵救援。

十月，康熙任命胤禵為撫遠大將軍統率大軍進駐青海，討伐策妄阿喇布坦，這是大清王朝第一次以皇子為大將軍。

出征儀式極其隆重，規格和天子出征差不多，「用正黃旗之纛，照依王纛式樣」，「出征之王、貝子、公等以下俱戎服，齊集太和殿前。其不出征之王、貝勒、貝子、公並二品以上大臣等俱蟒服，齊集午門外。」

人們認為，康熙這麼做，是想讓皇十四子胤禵立軍功、掌軍權、樹威信。從而形成這樣的認識：康熙有意傳位給皇十四子胤禵。

但猜測終歸是猜測。

康熙的真實意圖是削弱皇八子胤禩的實力、轉移國人視線、分化皇八子胤禩和皇十四子胤禵之間的聯盟。

皇十四子胤禵是皇八子胤禩的絕對死黨。

康熙四十七年（一七〇八年）九月，康熙曾怒斥胤禩妄蓄大志。皇八子胤禩的另一個死黨胤禟當即示意胤禵：「爾我此時不言，何待？」兩人出時出頭，為胤禩辯解。胤禵更是大呼大叫，說：「八阿哥無此心，臣等願保之！」康熙憤怒至極，斥之為「梁山泊義氣」，「出所佩刀欲誅」。經皇五子胤祺跪抱勸止，諸皇子叩首懇求，這才從寬重責二十大板了事。胤禟則被康熙親手扇了幾記耳光，臉部紅腫。

彼時，胤禟、胤禵身藏毒藥，揚言胤禩如被處決，他們決不獨活，寧願同死。後來胤禩得釋，他們才當眾將毒藥扔棄。

康熙五十三年，胤禩將斃之鷹嘲弄康熙，康熙被氣得半死，曾咬牙切齒地說：日後若有行若豬狗的

阿哥為皇八子胤禩興兵構難，逼朕遜位而立皇八子胤禩，朕惟有含笑以歿了！這裡所說的「行若豬狗的阿哥」，其實就是指胤禩。

所以說，傳位給胤禵，大權必為胤禩所操，國家必不利於統一。

而康熙自己也說：「死生常理，朕所不諱，惟是天下大權，當統於一。」

因此，遣胤禵西征，並非有意傳位於其，而是減輕京師的威脅，暫時消餌「興兵逼位」的危險。

而胤禵被任命為撫遠大將軍以後，認為父親對自己莫大信任，其一心擁護八阿哥登帝的心思發生了變化，轉而幻想著由自己來坐御座。

臨行前，他反復叮囑胤禟說：「皇父年高，好好歹歹，你須時常給我信息。」

胤禩一夥也因此患得患失，常常惴惴不安。

當然，胤禵手掌駐防新疆、甘肅和青海等省的八旗、綠營部隊，號稱三十萬，如若圖謀不軌，與胤禩等人裡應外合，也是朝廷大患。

不過，胤禵的「三十萬」大軍，實際兵力不過才十多萬。這十萬人，康熙拆解成兩路，一為進擊準噶爾部之靖逆將軍富寧安部二萬一千餘人及振武將軍付爾丹部二萬三千餘人並征西將軍祁德部；一為進軍西藏之平逆將軍延信部、定西將軍噶爾弼部。

這些統兵將軍，雖受胤禵節制，但都獨當一面，受康熙直接指揮，胤禵是很難利用這「三十萬」大軍成就「大事」的。

那些不明真相的人，以為胤禵出任撫遠大將軍是康熙在培養接班人，有一人卻不這麼認為。他說：「豈有皇考年高體弱而置繼統之子於數千里之遠的道理？」這個人，就是皇四子胤禛，即後來的雍正皇帝。

一句話，康熙其實沒有讓皇十四子胤禵成為帝國繼承人的想法。

雍正登位前的名字並非「胤禛」，改名為「胤禛」與登位有極大關係。

雍正到底叫「胤禛」還是「胤禛」，為什麼史料常出現混淆？

按照清代官方資料如《大清實錄》、《東華錄》、《愛新覺羅宗譜》以及《清史稿》所記載，雍正帝御名為「胤禛」。

但奇怪的是，只要認真檢閱一下一些不那麼「正式」的史料，就會發現，雍正帝本來的名字並不叫「胤禛」。

比如說，成書於乾隆十七年的《永憲錄》，裡面收集的康熙駕崩後所頒遺詔上書：「雍親王，皇四子胤禛，人品貴重，深肖朕躬，必能克成大統，著繼朕登極，即皇帝位。」

又比如說，成書於清末，署名為天嘏所著的《滿清外史》，其第三篇關於整個雍正朝所述，凡提到雍正帝，全部以「胤禛」呼之。

而「胤禛」卻是雍正帝同母弟皇十四子本來的名字。

雖然雍正在登帝后把所有兄弟名字中的「胤」字一律改為「允」字，其中十四阿哥的名字改為了「允禵」，但從現在保存在清代檔案裡的一份康熙帝於康熙五十七年（一七一八）十月十二日年封十四阿哥為撫遠大將軍的原敕命稿可以清楚地看到，上面所寫為「皇帝敕諭王胤禛……特命爾為撫遠大將軍」。

皇帝發佈的敕文是不容一字有錯的，而這又是原敕命稿，則十四阿哥曾經的名字就叫「胤禛」確鑿無疑！

既然十四阿哥本來的名字是胤禎，那《永憲錄》和《滿清外史》記雍正的名字是胤禎那就是錯誤的了。

但這種錯誤還是出現在很多史料中。

雍正年間的朝鮮謝恩兼冬至行書狀官李日躋在他的《聞見事件》中說「（十四王）與皇帝為同母兄弟，而名允禎」，而和他同來中國的朝鮮吏曹判書李玾卻在他的《聞見雜記》裡說「雍正即康熙之第四子，其名允禎……其次即十四王允禎，以大將軍出征西韃」。

不管怎麼樣，弄清楚了十四阿哥本來的名字是胤禎，那雍正本來的名字既不可能是胤禎，也不應該叫胤禛。

為啥？

因為從字形上來說，「禎」的繁體字「禎」和「禛」高度接近，容易混淆，而且兩字讀音完全相同，不可能用來作一母同胞兩兄弟的名字。

更重要的是，滿文是表音文字，用滿文書寫胤禎和胤禛這兩個名字，就會一模一樣！

所以，雍正帝本來的名字不會是胤禛。

那麼，雍正帝本來的名字叫什麼呢？

史料記載，雍正在繼位後的第十四天就「命內外文武大臣官員，從前領奉大行皇帝朱批諭旨，悉封固繳進。無得匿留、焚棄」，即已經銷毀了書寫有他本來名字的政府文件資料了，後世已經查無可查。

後世沒有可以查找雍正原名的資料，但在雍正年間，當然是會有人知道雍正繼位前的名字的，遇到這種情況，雍正帝的做法是：死不認帳。

雍正三年，曾經發生過這麼一件事：雍正做皇子時的好朋友高僧弘素在這一年死了。弘素的幾個弟子

在整理師父衣物時，發現了一本《金剛經》，是雍正早年送的，裡面有雍正親筆寫的序，還有簽名。這些和尚樂壞了，認為這是一筆不可多得的財富，為了邀名盈利，準備刊刻發行。雍正知道了，命人沒收了那部《金剛經》，矢口否認有送金剛經的往事，表示自己的名字是「胤禛」，上面的名字不是自己，那些序文和筆墨跟自己毫無關係。

也就是說，既然雍正拒不承認自己以前的名字，那就沒有什麼辦法了。

不過，即使雍正可以臉不紅、心不跳地一再聲明自己只有「胤禛」一個名字，但他的家人卻未必有這份鎮定。

比如說，乾隆年間，市面上曾經出現過一本名為《聖諱實錄》的書。這是一本工具書，是專門提供給參加科考的考生用的。由於清朝統治者對於本朝皇帝名字的避諱問題極為重視，處罰手段極嚴極酷。《聖諱實錄》即應運而生，專門負責向考生介紹如何敬謹回避當代帝王名諱要注意的問題。其中關於雍正帝的介紹是：世宗憲皇帝，國號雍正，在位十三年，聖諱上「胤」下「禛」。

值得注意的是，《聖諱實錄》並不按雍正帝親自給出的名字「胤禛」進行講解，而是詳詳細細地對皇十四子名字「胤禎」的種種避諱方式進行示範。

就因為這個，乾隆命人銷毀此書，並掀起了一場滔天「文字獄」。

雍正登位前的名字已經懸疑成謎，但為何他後來的名字「胤禛」總是會與皇十四子原來的名字「胤禎」混淆不清，原因也許是和雍正登位之謎緊密相關的吧？

那麼，康熙的本意是否真的想傳帝位給皇十四子胤禎？雍正的繼位真的存在著不可告人的祕密？

這一切，後人只能從殘缺不全的史料資料中去猜想了。

清朝入關之前，包括清太祖、清太宗在內，滿族人大多都是以動物、植物或生活用品的名稱來命名的。比如，清太祖努爾哈赤的滿文原義為「野豬皮」，舒爾哈齊為「小野豬皮」，雅爾哈齊為「豹皮」，多爾袞為「獾」。清太宗的「皇太極」譯音最初為黑還勃烈，為「蒼狼」的意思。這種命名方式不但粗俗、缺少文化底蘊，而且重名率非常高。

清朝入關後的第二代皇帝康熙受漢文化影響很深，特別欣賞明太祖朱元璋給子孫命名的辦法，在給諸子起名時，第一字均用「胤」字，第二字都採用「示」偏旁，而且所選的字，含有「吉祥、如意、受福」之意。

比如大阿哥胤禔、二阿哥胤礽、三阿哥胤祉、五阿哥胤祺、六阿哥胤祚、七阿哥胤佑、八阿哥胤禩、九阿哥胤禟等等。

注意，上面各個皇子的排行，並不是康熙帝全部兒子的排行。比如說，八阿哥胤禩其實是康熙帝的第十六子。究其原因，康熙帝共有三十五子，但有些皇子早殤夭折，甚至連正式的名字還沒有起。經過玉牒「命名和序齒」的，其實只有二十四位。

上面排行沒提四阿哥的名字，是因為這位四阿哥就是以後的雍正帝，雍正帝登帝位後的名字叫胤禛，但登位前的名字是什麼，是個歷史懸謎。

在有明一代，皇子登帝位後，從來沒有為避諱而要兄弟改字輩的事發生，比如說，天啟帝朱由校在位，他的弟弟就一直都叫朱由檢。但雍正帝即位後，迫不及待地把所有兄弟中的「胤」字改為「允」字，如大阿哥改為允禔、二阿哥允礽、三阿哥允祉、五阿哥允祺等等。

其中，最讓人感到奇怪的是，十四阿哥被改為了允禵。

之所以奇怪，是十四阿哥和其他阿哥不同，其他阿哥被改動的只是字輩，即第二個字，他卻第二、第三個字都被改動了。

也就是說，十四阿哥雖然被改成允禵，但他原來的名字並不是叫胤禵！

現在我們接觸到的絕大部分史料，包括皇室《玉牒》《大清列朝實錄》《愛新覺羅宗譜》《清史稿》《上諭內閣》《十朝聖訓》《大義覺迷錄》《東華錄》等等，凡是提到這位十四阿哥，一律寫成「允禵」或「胤禵」，這，都是由雍正造成的。

把十四阿哥改名為允禵後，雍正嚴格把關、處心積慮，把十四阿哥本來的名字從各種文獻資料裡抹去了。

不過，百密一疏，一份康熙帝於康熙五十七年（一七一八）十月十二日年封十四阿哥為撫遠大將軍的原敕命稿躲過了雍正的毒手，藏在清代內閣大庫的舊檔案堆裡。近代史學家在整理《明清史料》丁編時，發現了它，上面赫然有「皇帝敕諭王胤禎……特命爾為撫遠大將軍」字樣。

皇帝發佈的敕文，那是最正式的、最官方、最權威的文字，非同小可，不容一字有錯。

由此可知，十四阿哥本來的名字就叫胤禎！

《給撫遠大將軍、王、胤禎敕書稿》並非是「十四阿哥本來的名字叫胤禎」的孤證。

《明清史料》丁編上，還發表有一篇《大將軍、王、胤禎題稿》殘件，該件起頭就寫「臣胤禎謹題，為奏聞事」。

其實，《給撫遠大將軍、王、胤禎敕書稿》未並發現之前，像張爾田、吳昌綬等史學家也注意到胤禛

之子弘旺所著的《皇清通志綱要》內有允禵原名為胤禎的記載。但鑒於弘旺是胤禩的兒子，慘遭雍正的迫害，此說沒有引起足夠的重視。還有，一些朝鮮使節也記錄過允禵原名胤禎一事，但他們記錄的內容有些顛倒錯亂，也沒有被採信。

《給撫遠大將軍、王、胤禎敕書稿》重見天日，「十四阿哥本來的名字叫胤禎」的事實就確鑿無疑了。十四阿哥本來的名字既叫胤禎，則雍正本來的名字就不應該叫胤禛。

原因很簡單：雍正和胤禎同是一個母親所生，如果他的名字叫胤禛，不但胤禛和胤禎的名字字型高度接近，讀音更是一模一樣。而根據《國朝宮史》記，康熙對諸皇子的命名是很嚴格的，先是由內閣來擬幾個備選的名字，然後親自御覽圈定，再把該名字送到宗人府進行登記，正式寫入玉牒。試想想，先不說禛字和禎字字形相似，它們讀間完全相同，兩人又是一母所生，在稱呼他們時，豈不常常弄混？

有人認為，十四阿哥本來的名字叫胤禎，而雍正本來的名字就叫胤禛。

就因為他們的名字同音，所以雍正登位後，為了避音諱，就讓十四阿哥把本來的「禎」字改成「禵」字。

這是不對的。

「禎」是不用避「禛」的。

別號漁洋山人的清初大詩人王士禛死後，家人因避雍正的胤禛諱，改名王士正。乾隆專門賜名士禎，諡文簡。可見「禎」是不用避「禛」的。

話說回來，兄既已叫胤禛，弟又叫胤禎，而滿文是表音文字，為字母拼音而成，如果用滿文書寫胤禛和胤禎這兩個名字，就會完全沒有區別了，造成的後果會比較嚴重。

清代滿文研究專家、臺灣中研院歷史語言研究所的李學智先生斷言：「從滿文的書寫和讀音看，清世宗不可能取名『胤禛』，因為滿文的書寫，『禛』與『禎』，完全一樣之故也。」

臺灣中研院歷史語言研究所現在收藏有康熙駕崩後，清廷頒佈的長一九五公分、寬七八公分鵝黃色印製的滿文遺詔，上面寫「雍親王皇四子胤禛」中「禛」字的寫法與遺詔中提到「……後流賊李自成攻破京城，崇禎自縊」中的「禎」字，就是一模一樣的同一個字！

十四阿哥本來的名字叫胤禎，雍正帝本來的名字並不叫胤禛。由此，我們就可以理解為什麼雍正在繼位後的第十四天就火急火燎地降旨，「命內外文武大臣官員，從前領奉大行皇帝朱批諭旨，悉封固繳進。無得匿留、焚棄」一事的原因了。

清代在雍正朝之前並不存在繳還上諭朱批這一制度，雍正這麼一弄，成為了定制。

雍正追繳康熙上諭朱批的態度極嚴極酷，曾在雍正三年追問過一次，雍正五年又下旨切責了被懷疑藏匿有朱批上諭的雅爾江阿、保泰、滿都護、阿布蘭等人。

雍正要收回康熙的朱批諭旨幹什麼？

顯然就是要銷毀或篡改一切關於自己原名和十四阿哥原名的記載。

雍正三年五月，發生了一件非常有意思的事。

已經圓寂的僧人弘素的幾個弟子，要刊刻一部據說是雍正皇帝早年做皇子的時候欽賜給他們師父弘素和尚的《金剛經》，表面原因說是要弘揚佛法，真實原因是這部經的前面有雍正親筆寫的序，一旦刊刻流行，不但給本門邀名，也為佛門添許多光彩。雍正知道了此事，趕緊派遣在自己做皇子時就是心腹門人的安徽布政使博爾多前往收繳那部《金剛經》。雍正說「朕細思，向來並無此事」，矢口否認有送金剛經的

往事，還說「文與字俱非朕筆，且將朕名皆書寫錯誤，甚不可解」，咬定序文不是自己寫的，並以嘲笑的口氣說落款的名字也寫錯了。也就是說，落款人一項寫的不是「胤禛」。為了不把事情搞大，雍正說弘素既已經死了，不必深究此事，只是要博爾多澈底清查他們手裡還有沒有其他類似的經文，就此拉倒。

在雍正三年，天下人都已經知道雍正正在使用的名字叫胤禛，人們無論做什麼事，包括作文、考試、取名、寫字，都不敢直書這兩個字。那幾個和尚就是看到《金剛經》序文後面雍親王的落款不是「胤禛」，這才大大方方地刊刻。雍正卻一句「且將朕名皆書寫錯誤」推開，事實上，要真是錯了，他才不會這麼緊張，恰恰是因為是正確的，才忙不迭地收繳，銷毀清除。

在清除本名這事上，雍正做得天衣無縫，至少，現在還沒有人查得出雍正本來的名字叫什麼。不過，說雍正為了奪嫡改詔而突然啟用了胤禛這個名字，是有一些說服力的。

試想想，傳位詔書上不可能只錄齒序，第幾皇子，必錄有名諱，而禛字剛好是可以在禎字上添幾筆就可以完成的，而遺詔滿蒙版本根本還無須改動。

往這兒一想，什麼都解釋得通了。

無怪乎，康熙駕崩前後住節於北京的朝鮮使臣全城君李混會在給朝鮮國王的報告中提到十四子胤禎吵著鬧著在宗人府要求拿出玉牒來和雍正皇帝對質之事。

分明就是兩個人的名字出現了問題，否則，拿玉牒出來做什麼呢？

雍正殺父軾君了嗎？參與者死前留下線索，可惜後人沒注意

大清王朝有四大謎案：太后下嫁、順治出家、雍正奪嫡、乾隆身世。

這四大謎案中，又以「雍正奪嫡」最搶眼球。

原先，康熙仿照歷史上漢人政權嫡長子繼承制，早早就立了嫡長子胤礽為皇太子。

但這個皇太子不像話，不但驕橫跋扈，還背後罵康熙是個「老不死」，抱怨說：「古今天下，豈有四十年太子乎?!」

康熙氣得差點吐血，將胤礽廢了又立，立了又廢，最後軟禁了事。

皇太子二次被廢，從理論上來說，其他兒子也就都有了做皇太子的機會。

但身為四皇子的胤禛不顯山、不露水，看不出他有什麼特別的優勢。

相比之下，皇十四子胤禵、皇八子胤禩在眾多皇子中出類拔萃，明顯是競爭儲君的最佳人選。

尤其是皇十四子胤禵，從康熙在廢黜皇長子胤礽後，對胤禵的諸多安排和表現來看，基本上是把他當作未來的帝國繼承人來培養，就差一層窗戶紙沒捅破。

而皇八子胤禩寬仁大度，是眾臣口中的「八賢王」，頗有人君之風，如果是由胤禩繼承帝位，人們也覺得合情合理。

可最後的結局，卻是一直默默無聞的皇四子胤禛上位，這也就無怪於人們猜測聯翩了。

為什麼會是皇四子胤禛？

唯一合理的解釋就是「奪嫡」。

那麼，胤禛是怎麼成功「奪嫡」的呢？

真是細思極恐，這裡面的真相不免驚破英雄膽。

其實，用不著後人費盡心機猜測，有人已經揭示出答案了：殺父軾君！

這人就是雍正嘴裡一口一句喊得親熱的舅舅隆科多。

隆科多是漢軍旗人，祖父佟圖賴曾為清朝出生入死，屢建戰功，歷任定南將軍、禮部侍郎等，因有女成為了順治皇帝的皇后（即孝康章皇后），故死後得特贈為一等公。

隆科多的父親佟國維，原是康熙的親舅舅，生有兩個貌美如花女兒，也都嫁給了康熙，她們一個做了康熙的皇后（即孝懿仁皇后），一個做了康熙的貴妃，因此佟國維就成了康熙的岳父，地位比佟圖賴更加尊崇。

而這麼一來，隆科多既是康熙的表弟，又是康熙的內弟，自然也得到康熙的恩寵。

康熙二十七年（一六八八年），隆科多擔任康熙身邊的一等侍衛，授「步軍統領」，即是京城衛戍司令官。

就因為隆科多所在位置重要，一口一句喊隆科多舅舅的四皇子胤禛就刻意巴結隆科多。

隆科多呢，一則經不起皇四子胤禛的甜言蜜語拉攏，二則也考慮自己如果棄胤禛而倒向皇十四子胤禵或皇八子胤禩一邊，也顯示不出自己的重要性，無功可立。於是，就義無反顧地和皇四子胤禛搞在一起了。

康熙六十一年，康熙偶染小恙，突然暴斃。

根據《清聖祖實錄》記載，該年十月二十一日（一七二二年十一月二十九日），康熙赴南苑行圍；十一月初七日（一七二二年十二月十四日），康熙偶感不適，自南苑回駐暢春園。十三日戌刻，駕崩於寢宮。

試想想，十月二十一日，康熙還精神抖擻地出行打獵，而一個月不到，就突然死亡，過程實在詭譎。

義大利籍傳教士馬國賢直言不諱地指出：康熙是非正常死亡。

馬國賢在《回憶錄》中記：「（康熙帝）駕崩之夕，號呼之聲，不安之狀，即無鴆毒之事，亦必突然

大變。」

現在清朝的官方史料，或《大義覺迷錄》，或《清聖祖實錄》，都是雍正帝自己鼓搗出來的東西，絕不可信。

我們看《清朝野史大觀》，上面說，康熙死後，隆科多從寢宮出，出示掌中所書「傳位于四皇子」字樣，聲稱是康熙親筆所書，於是皇四子胤禛得立。

實際上，在暢春園內，全部衛兵都是隆科多的屬下，隆科多要做什麼，簡直說是可以為所欲為。所以，民間傳聞說康熙是死於胤禛和隆科多的毒手並非空穴來風。

史料也稱：世宗（雍正）之立，外得力於年羹堯，內得力於隆科多。

因此，雍正即位後，馬上把隆科多和年羹堯同加太保。改年，又賜隆科多和年羹堯同賜雙眼花翎、四團龍補服、黃帶、紫轡。

與此同時，雍正手腳麻利地捕殺了康熙帝晚年的貼身近侍太監魏珠、梁九公、趙昌等人。

個中原因，不言而喻。

沒多久，年羹堯和隆科多也先後被賜死。

隆科多被諸王大臣會議定了四十一條大罪。

雍正為了避免授人口柄，並沒立刻將隆科多處死，而是將隆科多圈禁在康熙駕崩的暢春園附近。圈禁了一年多，隆科多莫名其妙地掛了。

隆科多被圈禁前，曾悲歎說：「白帝城受命之日，即是死期已至之時。」

又說康熙死日他曾身帶匕首以防不測。

這些言論，已經向人揭示了雍正奪嫡的血腥內幕。

而雍正即位才八月，就急匆匆地開創了清朝祕密建儲的制度——親自書寫儲君皇太子名字後裝於匣內，安放於乾清宮順治皇帝所書的「正大光明」匾額之後；接著，別書密旨一道，藏於內府。這分明是不想自己的兒子在以後爭奪帝位時，會像自己對待父親那樣來對待自己。

還有，在曾靜案中，雍正頒行《大義覺迷錄》，為「奪嫡」之說辯解，說：「若非親承皇考付朕鴻基之遺詔，（其他人）安肯帖無一語，俯首臣伏？」可是，儘管他口口聲聲稱有皇考遺詔，但始終沒有示人，只是紅口白牙、信口開河，根本沒達到申「大義」以「覺迷」的目的，反而授人口實。所以，乾隆即位後，馬上把《大義覺迷錄》列為禁書，不許流傳。另外，《清史秘聞》載：雍正初年，吏部侍郎黃叔琳任江南考官，用《論語》中「知其說者之於天下也，其如示諸斯乎，指其掌」之句命題。雍正睹「指其掌」三字，如遭雷擊，臉色大變，隨便找了個藉口，把黃叔琳誅殺。

兒子意外登基，母親卻不高興，堅拒尊號並以死相抗？

歷史上比較「意外」登上帝位、並給我們留下深刻印象的人是大宋開國皇帝趙匡胤。

後周顯德七年正月初一，前方傳回軍情：契丹大軍即將南下攻周。時任殿前都點檢、歸德軍節度使的趙匡胤奉令北上禦敵。正月初三日，趙匡胤統率大軍開拔，夜宿距都城東北二〇公里的陳橋驛。當夜，大軍嘩變，諸將以黃袍加在趙匡胤身上。正月初四，趙匡胤率軍回師都城，輕易地奪取了後周政權，開創了趙宋王朝。

有意思的是，據《宋史・杜太后傳》記載，趙匡胤的母親得知兒子黃袍加身，拍掌大笑，眉飛色舞地

對身邊的人說：「吾子素有大志，今果然。」

老實說，趙匡胤策動兵變、篡周建宋，雖說是欺負柴宗訓寡母孤兒，但幹的終究是大逆不道的勾當，稍有不虞，便要付出滅族的代價，即令趙匡胤已經逼迫恭帝禪位，也不能預料後周國內其他地方勢力的反應，難得這位母親有如此良好的心態鼓勵兒子造反篡位，並如此樂觀地擁抱現在、以及未來。

和趙匡胤相比，大清朝第五位皇帝清世宗雍正帝登位也很令許多人感到意外，不過，經過順治、康熙父子兩代人的勵精圖治，雍正登位時，大清國正處於太平盛世，致使雍正登位後，便坐擁四海，並無北宋初建時那種外敵環伺、內亂難平的亂糟糟局面。

也就是說，雍正從坐上龍椅的那一刻起，他的帝位已堅如磐石、難於撼動。

可是，雍正的母親烏雅氏並沒有趙匡胤母親的喜悅。

《清世宗實錄》中記，烏雅氏聽說雍正即位，表現得很不屑，異常冷淡地說了一句：「欽命吾子繼承大統，實非夢想所期」。《永憲錄》也記，烏雅氏曾下懿旨說：「我自幼入宮為妃，在先帝前毫無盡力之處。將我子為皇帝，不但我不敢望，夢中亦不思到。」

表現得不屑、不高興就算了，這位母親還刻意要和兒子作對，處處唱反調。

新皇帝在舉行登極大典之前，按照老規矩，得先給皇太后行禮，然後再升御太和殿，接受群臣的朝拜。烏雅氏根本不配合，存心拆臺，拒不接受新皇帝的行禮。

《清世宗實錄》記載有烏雅氏的推託之辭，她說：「皇帝繼承大統，當然要接受群臣的朝拜和祝福。但來向我行禮，實在沒有必要，也跟我毫無關係。況且先帝剛剛駕崩，我不穿喪服而穿朝服來接受新皇帝行禮，實在心中不安，所以，向我行禮的事兒，拉倒吧。」（「皇帝誕膺大位，理應受賀。至於我行禮，

有何關係？況先帝喪服中，即衣朝服，受皇帝行禮，我心實為不安。著免行禮。」）

不按程序走，雍正的帝位就名不正、言不順。

雍正只好懇請，親自出面，再三懇請，同時又示意眾王公大臣鉚足勁地從旁苦勸。

烏雅氏最後才勉強同意，說：「王大臣等既援引先帝所行大禮，懇切求情，我亦無可如何。今晚於梓宮前謝恩後，再行還宮。」

登基典禮舉辦過了，接下來，也是按老規矩，新皇帝給皇太后上徽號。

雍正給母親上的徽號是「仁壽」。

這「仁壽」二字的分量不可謂不高。

可是烏雅氏卻說：「安葬先帝的大事正在舉行，我心情沉痛，沒時間考慮別的東西，只希望我的兒子可以體會先帝治國的心思，江山永保；眾王公大臣可以體會先帝治國的心思，忠心愛國，那麼蒼生有賴，四海升平，我也大有光榮，遠勝於接受什麼尊號啊。」（說，「梓宮大事正在舉行，淒切哀衷，何暇他及。但願予子體先帝之心，永保令名。諸王大臣永體先帝之心，各抒忠悃，則兆民胥賴，海宇蒙休。予躬大有光榮，勝於受尊號遠矣。」）

其實，清朝並沒有先帝梓宮未葬入山陵皇太后不得上徽號的規定，烏雅氏這麼鬧，明顯是不承認自己是皇太后，也即是不承認雍正是皇帝。

當然，不管烏雅氏要不要皇太后的徽號，她的實際身分就是皇太后。既是皇太后，就應該按照規定搬到慈寧宮或寧壽宮居住。烏雅氏為了向外人表達自己不願意做皇太后，堅決不搬，一直住在當妃子時所住的東六宮之一的永和宮，直到病死。

為什麼會這樣呢？

這得從烏雅氏的為人說起。

史書上說，烏雅氏生於順治十七年（一六六〇年，比康熙小三歲），滿洲正黃旗人，為護軍參領、加封一等公威武女。

表面看，烏雅氏的身分還是不錯的。

雍正就自稱母后是出身於「本朝舊族，創世名家」。

實際上，烏雅氏的祖父額參曾任膳房總管，為內務府包衣。包衣的滿語為「booi」，本意為「家裡的僕人」，指清代滿洲貴族家中豢養僕人。史書沒記這一段，是由於雍正的原因。

也就是說，烏雅氏家並非什麼「本朝舊族，創世名家」，而是身分低微的奴隸之家。

就因為出身微賤，烏雅氏雖然憑藉自己的美色和獨特的魅力征服了康熙帝，和康熙帝共浴愛河，生下了三男三女（夭折了一男二女，只有雍正帝胤禛、皇十四子胤禎和皇九女固倫溫憲公主成人），成為了康熙後宮女人中的生育冠軍，但在康熙十七年（一六七八年）生育雍正之時，她卻沒有資格撫養這個兒子。

清宮有規定，只有嬪以上的後宮主位（包括嬪這個級別在內）才有資格撫養皇子。

康熙皇帝在康熙十六年（一六七七年）二月首次正式冊封嬪妃，一口氣封了八個主位（一個貴妃，七個嬪），沒烏雅氏什麼事。估計，烏雅氏當時的級別是「常在」或者「貴人」。

所以，雍正在出生滿月後便被抱去給貴妃佟佳氏撫養了。

雍正長大後，雖然也有向生母請安或祝壽等固定的見面時間，但在宮中的森嚴制度下，母子是沒法親近的，則母子間的思想隔閡、關係淡漠可想而知。

雍正自己曾經親口說：「生恩不及養恩大。」在雍正的心中，養母佟佳氏才是自己的母親，而生母烏雅氏，不過是一個熟悉的陌生人，僅此而已。

對烏雅氏來說，親生兒子被送給外人撫養，自尊心已經深受刺激，心靈深處也植下了根深蒂固的自卑感。偏偏，雍正還經常以自己是皇貴妃（當時的宮中之首）的養子而洋洋自意，更加加深了烏雅氏的難過和傷心。

而因為生雍正有功，烏雅氏先是在康熙十八年（一六七九年）被冊封為德嬪；到了康熙二十年，烏雅氏又因生育六阿哥胤祚（六歲夭折）而被晉封為德妃。

升格成了嬪、成了妃，烏雅氏擁有了可以撫養自己兒子的資格。於是，在被抱走的大兒子和夭折了的二兒子身上沒能施展出來的愛，烏雅氏全部灌注給了三兒子胤禎。

烏雅氏說「將我子為皇帝，不但我不敢望，夢中亦不思到」，這話有一半是真，有一半是假。

康熙深受漢人儒家思想影響，崇尚漢族封建王朝的「嫡長制」的立儲制度，嫡長子胤礽剛滿周歲，他便迫不及待地將之冊立為皇太子。

胤礽這個皇太子一當就是二十多年。

在這二十多年的時間內，康熙從來沒有想過改立皇太子。

烏雅氏當然是「不但我不敢望，夢中亦不思到」了。

康熙四十七年（一七〇八年），由於久為皇儲的胤礽按耐不住，躍躍欲試地向登上帝位作出了試探。康熙忍無可忍，在木蘭圍場的布林哈蘇台行宮宣佈廢黜皇太子。然而，「嫡長制」的思想還是揮之不去，僅僅一年之後，康熙還是把胤礽這個唯一的嫡子重立為皇太子。

不過，胤礽終是個扶不起的阿斗，最終還是在康熙五十一年（一七一二年）被康熙第二次廢黜了。

皇太子胤礽被廢黜，此前奪儲呼聲很高的皇八子胤禩也被康熙當眾否決，則皇四子胤禛、皇十四子胤禎都成為了爭奪儲位的熱門人物。

尤其是皇十四子胤禎，他在康熙五十七年（一七一八年）任撫遠大將軍，受命西征。這是大清王朝第一次以皇子為大將軍。出征當日，儀式極其隆重，規格和天子出征差不多，「用正黃旗之纛，照依王纛式樣」，「出征之王、貝子、公等以下俱戎服，齊集太和殿前。其不出征之王、貝勒、貝子、公並二品以上大臣等俱蟒服，齊集午門外。」以致很多人產生了這樣的共識：康熙是有意傳位給皇十四子胤禎。

所以，烏雅氏這個時候應該不是「不但我不敢望，夢中亦不思到」了，而是滿心期待愛子胤禎西征得勝後被冊封為皇太子。

然而，皇四子胤禛意外登基了，並且，才一登基，就把從西北回來的胤禎的王爵革去，只保留了最初的貝子身分。

這，如何教烏雅氏不氣惱?!

不受禮、不接尊號、不移宮，都是烏雅氏怨恨雍正的表達。

不久之後，發生的一件事，更是讓烏雅氏恨雍正恨得要死。

雍正元年（一七二三年）三月二十七日，雍正帶領王公大臣，以及皇太后、後宮的妃嬪，親送康熙的梓宮到遵化東陵。

到了遵化東陵，為了除掉自己的政敵，雍正責令胤禎留在遵化守陵。

不難看出，這是變相的軟禁。

烏雅氏對雍正真的是恨得要死。十天之後，烏雅氏恨出了病來，氣塞於胸，最後自己把自己給「恨」死了。

據《清世宗實錄》記，烏雅氏在雍正元年（一七二三年）五月二十三日未刻（下午一點到三點的時候）感到不適，第二天醜刻（凌晨一點到三點的樣子）便掛了。

烏雅氏暴卒的消息傳出，舉世譁然。

原本，民間對雍正的登位存在種種猜測；烏雅氏此前的不受禮、不接尊號、不移宮等行為，已經加深了人們的猜測；烏雅氏這一死，更加讓人們堅信猜測的真實性。

人們甚至懷疑，雍正繼位，不但有「弒殺君父」的嫌疑，也同樣有「逼死母后」嫌疑。

雍正是跳進黃河也洗不清的了。

第五章　雍正大帝

一部千古未有的奇書——《大義覺迷錄》

且說，在清康熙年間，湖南永興有一個無良文人，姓曾，名靜，原是縣學生員，熱衷科舉，但考試劣等被革退。功名無望，為了糊口，這位曾仁兄只好忍氣吞聲以授徒為業，自號蒲潭先生。

清末洪秀全屢試不第，怒急攻心，一氣之下，辦了個「上帝教」，率領教徒舉旗造反，把大清江山攪得天翻地覆，不得安生。

蒲潭先生沒有洪秀全的魄力，也沒有洪秀全的機遇，但他的憤懣之情不下於洪秀全——對大清朝廷憎恨到了極點。情難自禁，把許多「腹誹」寫入了自己的著作《知幾錄》、《知新錄》裡，痛罵「滿清」是「夷狄」，說什麼「夷狄侵陵中國，在聖人所必誅而不宥者，只有殺而已矣，砍而已矣」。指責「夷狄」是乘中原之危而「竊據神器」，致使「乾坤反覆，地塌天荒」，造成「八十餘年天運衰歇，天震地怒，鬼哭神號」的慘狀。他呼籲，「華夷之分」，為天下第一要義！

真要從細裡探究，就不難看出，曾靜這些言辭並不出自民族大義，而偏重於發洩私憤，跟潑婦罵街的性質是一樣一樣的。

出生年代比曾靜早了差不多六十年的浙江崇德縣（今浙江省桐鄉市崇福鎮）人呂留良從某種程度來說，是一個真的民族英雄。

呂留良學識過人，卻以大明遺民自居，康熙年間為拒應滿清的鴻博之征甘願削髮為僧，所著《四書講義》、《語錄》為時人所推崇。

和很多讀書人一樣，曾靜把呂留良視為自己的人生偶像，對呂留良遺著中關於夷夏之防及古時封建井

田等言論讚賞有加。

雍正五年（一七二八年），曾靜讓學生張熙到呂留良家鄉為自己搜訪一些呂留良的著作以供供奉和拜讀。呂留良早已於康熙二十二年（一六八三）過世，張熙在呂家抄錄了一些詩文，拜訪了幾個門人，道聽塗說了許多貶毀雍正的傳聞，滿載而歸。

雍正帝即位後，曾經和他爭奪皇位的允禩、允禟等人的追隨者不斷在各地誹謗造謠說他有謀父、逼母、弒兄、屠弟等等人神共憤的事蹟，皇位是通過非法手段得來的。

恰巧雍正初年又逢天災人禍，似乎應了「天怒人怨」的凶兆，謠傳就傳得更盛了。

張熙又聽說手握三省重兵的川陝總督岳鐘琪是南宋名將岳飛的後裔，暗懷起兵反清之心。

於是，回到了永興，張熙將自己的所見所聞全都告訴了老師。

曾靜內心一陣狂喜，有一種強烈要做「當代張良」的衝動，準備擁立岳鐘琪為「劉邦」，起兵反清。

雍正六年，曾靜與張熙師徒兩人共同搗鼓出了一封策反信，由張熙前往投呈。

其實，岳鐘琪雖然也姓岳，但根本就不是岳飛的後裔，而說他要起兵反清，那更是八竿子也打不著的事兒。

岳鐘琪以漢人身分出任軍區大司令，對清廷只有感激涕零之心，哪有半點造反之意？當他讀了張熙呈上的信件，驚駭莫名，卻不露聲色，對張熙進行誘騙，套出了幕後的曾靜，火速飛奏雍正。

雍正大為震怒，傳諭浙江總督李衛捉拿呂留良親族、門生，搜繳其書籍著作；另派副都統海蘭到長沙會同湖南巡撫王國棟捉拿曾靜、諸「同謀」及各家親屬。

雍正六年十一月，雍正帝派刑部侍郎杭奕祿到長沙審問曾靜等人。

立志要做「當代張良」的曾靜是個軟骨頭，人家還沒怎麼著，他就慫包了，當場痛哭流涕，表示要痛改前非。他信口雌黃，胡亂瘋咬，牽連出了與此事相關、或不相關的上百人，驚動了清政府的幾個部和好幾個省。

由於株連面積太大，這幾個省一直追查緝拿忙個不停，直到雍正十年才最後結案。

曾靜為求活命，照清廷的安排寫了悔罪頌聖的《歸仁錄》，備述雍正的隆厚聖德、浩大皇恩，稱「聖恩高厚，雖堯舜不過如此」。

對於如何處理這個案子和如何判決曾靜，雍正是這樣說的：「遇此種怪物，不得不有一番出奇料理。」

雍正的「出奇料理」是這樣的：

對於案件中牽涉到的曾靜列舉出來的雍正謀父、逼母、殺兄、屠弟、貪財、好殺、酗酒、淫色、誅忠、任佞的「十大罪狀」；雍正下令官員編輯出兩年以來關於此案的《上諭》，附以曾靜口供及其《歸仁錄》，合成《大義覺迷錄》一書。並下令將該書刊印發行，頒發清朝所有學校，讓教官督促士子認真觀覽曉悉。

雍正說，如果發現有學校沒有此書，即「將該省學政及該縣教官從重治罪。」

雍正還讓杭奕祿帶領曾靜到江寧、蘇州、杭州等地，兵部尚書史貽直帶領張熙到陝西各地去替《大義覺迷錄》作宣傳，「宣揚聖德同天之大」、「本朝得統之正」，「以贖補當身萬死蒙赦之罪」。

也就是說，雍正並不打算誅殺曾靜、張熙。

不日，雍正宣佈免罪釋放曾靜、張熙，同時放話說「朕之子孫將來亦不得以其詆毀朕躬而追究誅

戮」。

雍正是這樣解釋的：曾靜、張熙不過是誤信了呂留良的歪門邪說，是受迷惑的從犯，且曾靜不但已經痛改前非，還又供出了許多謗言製造者，算是「有功」之人，所以，可免一死。

但對已死的呂留良等人，雍正下詔開棺戮屍，梟首示眾；判呂留良之子呂毅中等人斬立決；其諸孫發遣寧古塔給披甲人為奴；刊印、收藏呂留良著作者分別判斬監候、流放、杖責；對呂留良的文字著作，如《四書講義》、《語錄》等，由「理學名臣」朱軾等人進行逐條批駁，連同《大義覺迷錄》一併公開印發、印發學校。

可笑的是，雍正自以為問心無愧，不用懼怕流言和貶毀。然而，《大義覺迷錄》刊行後果卻是負面影響遠大於正面影響。

雍正十三年（一七三五年）八月，雍正駕崩。十月，剛剛繼位尚未改元的乾隆不得不違背父訓，公開翻案，命人將曾靜和張熙解至京師凌遲處死。

乾隆的理由是「曾靜之罪不減於呂留良」，豈有處理呂留良而不處理曾靜之理?!

同時，乾隆還下詔禁毀《大義覺迷錄》，已頒行者嚴令收回，有敢私藏者罪之。

不過，這並沒有什麼用，《大義覺迷錄》已經流出海外，日本留有存本，被稻葉君山引用於《清朝全史》之中。

雍正帝的道士情緣

有一個很奇怪的現象，即越是表現得彪悍和霸氣的帝王，就越是不敢面對死亡，總是異想天開地要尋

找世外高人，希望能索得一點靈丹妙藥，就算不能長生不老，也妄想延年益壽，再活個三五百年。

這方面，秦始皇絕對是個代表人物。

為什麼這麼說呢？

秦始皇在有生之年，一直孜孜不倦地尋找著長生不老藥，快到咽氣了，還不相信自己會離開人世，始終沒有指定皇位繼承人。而他所派遣到東海的徐福等人也給後人流傳下了許多說不清、道不明的娛樂佐料。

與秦始皇齊名的漢武帝也同樣因為迷信有所謂的長生不老藥，遭到了李少君、李少翁、欒大等一幫江湖術士的欺騙和戲耍。

唐太宗李世民在馬背上征戰四方才打下了大唐的鐵桶江山，但晚年患上了疾病纏身，久治不愈，便開始產生了乞求長生不老的思想，迷戀上了方士的金石丹藥。結果服了印度方士進獻的金石仙丹，中毒暴亡，享年不過才五十二歲。

那一代天驕成吉思汗，殺伐成性，見慣了屍山血海，對生死看得開一些，但聽別人說臭道士丘處機是個世外高人，就趨之若鶩，連呼「神仙」，千方百計要把這尊「神仙」請回家裡供著。幸好，丘處機品行端正，沒有裝神弄鬼，對自己的道學修為、身體健康指數，全都坦誠相告。成吉思汗這才沒陷太深。

和上面那幾位相比，清朝雍正帝的功業和名氣都遠遠不及。但雍正帝對神仙的嚮往、對長生不老的癡迷，絲毫也不遜色。

實際上，在雍正還是雍親王的時候，儘管年紀輕輕，他就開始念叨著要尋找世外高人、索求長生不老藥了。

相關史料記載，早在康熙五十五年（一七一六年）秋，四阿哥胤禛接到門下人戴鐸的一封信。戴鐸在

信中詳細寫了自己到福建赴任的經過，其中，漫不經心地提到了一句，說在路經武夷山時，遇上了一個形跡可疑、形容古怪的臭道士。

整一封信，胤禛都沒有什麼感覺，獨獨讀到了這一句，卻像突然被打了一針興奮劑，驚呼了起來。

當日，胤禛就給戴鐸回信，說：「你得遇如此等人，你好造化！」強烈要求戴鐸想辦法再找到該道士，介紹給自己做朋友。

這個道士，不過是路途偶遇，當然沒有什麼下文。

等到胤禛正式即位，他就開始大大方方地要求手下的心腹介紹道行高深的道士給自己做朋友了。

比如說，雍正七年（一七二九），雍正帝胤禛就諭令陝西總督岳鐘琪查詢終南山修行之士鹿皮仙（又名狗皮仙），急切要和鹿皮仙交朋友。

但岳鐘琪的稟覆卻讓他非常沮喪。

岳鐘琪說，他已將鹿皮仙喚至官署，但鹿皮仙目無光彩，齒落神昏，又兼語無倫次，狀類瘋魔，不似有道之士。

雍正帝只好悻悻作罷。

改年，即雍正八年（一七三〇），雍正帝又諭令四川巡撫憲德要積極訪問善養生、精醫術、有「龔仙人」之稱的龔倫，來日帶回京城，好與自己交朋友。

憲德的奏復很乾脆，說「龔仙人」龔倫在兩年前就掛了，沒辦法訪問。

這簡直就是一盆冷水直接沖腦門澆落！

但雍正的熱情不會這麼容易澆滅的。

僅僅兩個月之後，雍正帝又下了一道特諭，並親自抄了好幾份，吩咐浙江總督李衛、河南總督田文鏡、雲南總督鄂爾泰、署川陝總督查郎阿並陝西巡撫武格、山西巡撫覺羅石麟和福建巡撫趙國麟等人，要他們留心訪問深達修養性命的道士。

浙江總督李衛的答覆最為神速，他回奏說：「修養性命之士嘛，聽說河南禹州的賈文儒就是，陛下讓河南督臣田文鏡給你找到就行。」

雍正帝大喜過望，立刻給河南總督田文鏡下旨：「禹州的賈文儒乃是世外高人，你可以踴躍鼓舞，將他密送到京。欽此。」

田文鏡回奏說：「禹州賈文儒的確是世外高人，曾大顯預測之術，人稱『賈神仙』。陛下要和他交朋友，我這就派人護送他上京。啟程的日子是七月十五日，只是雨後泥濘，估計要走十五日方可到京。」

雍正帝心花怒放，喜不自勝，眼巴巴地盼望著賈文儒早日來到自己的身邊。

八月初二，賈文儒抵京。

可是，雍正帝一見賈文儒，就大失所望。

雍正帝是個博聞強記的主，記憶力驚人。很多到地方上任的臣子，他只是見過一面，若干年後再見，仍能記得清清楚楚。

這個賈文儒也一樣，一年前，雍正就見過他了。

不過，那時的賈文儒不叫賈文儒，叫賈士芳。

一年前，賈士芳就居住在北京白雲觀。當時，怡親王認為賈士芳是個奇能異士、通曉「心性之學」，就推薦給了雍正帝。

賈士芳在進宮前，充分為宣揚自己的「心性之學」作了準備。

不過，雍正帝對「心性之學」沒什麼興趣，一心追求的是長生不老。

所以，兩人見面的時候很尷尬。

雍正帝直截了當地問賈士芳精通什麼法術，賈士芳意所未料，無從應對。

兩人不歡而散。

沒想到，賈士芳換了個「賈文儒」的名字，竟在短短一年時間內便在河南混出了名堂，又陰差陽錯地被李衛、田文鏡推薦上京了。

看著賈文儒，雍正帝嘿嘿地發著冷笑，心想：以為換了個馬甲我就不認得你了？小樣！

可是賈文儒這次已經做足了功課，對雍正帝的提問對答如流。

雍正帝一直龍體欠安，也懶得跟賈文儒廢話了，讓他發功治病。

雍正帝恐嚇賈士芳說：「自從你去年入見之後，朕就患上了怪病，朕弟怡親王也因你病倒了。想來，一定是你暗中挾持左道邪術，從中播弄，至於如此！現在朕躬尚未全安，你既然來了，就當惟你是問！」

賈士芳一點也不慌亂，立刻「口誦經咒，並用以手按摩之術」，給雍正帝治病。

說來也奇，在賈士芳的按摩下，雍正帝的身體馬上舒服了許多。

賈士芳還將密咒教給雍正帝，雍正帝依法而試，頓覺心神豫暢，肢體安和。

雍正帝因此深為喜慰，對賈士芳加以隆禮。

但是，過了一個多月，雍正帝自己感覺到病情又有反復，不由大為焦躁，認為是賈士芳操縱著自己的健康，對周圍的人說：「這個妖道，竟然想左右朕的生死，想要讓我安康就讓我安康，想要讓我病倒就要

我病倒，真是好大的狗膽！」

又過得幾天，雍正帝要殺賈士芳之心不可遏止，就說賈士芳的咒語中有「天地聽我主持，鬼神供我驅使」的話，真是大逆不道，下令將賈士芳處死。

可歎賈士芳枉稱「賈神仙」，雖然曾大顯預測之術，卻卜不出自家生死，竟然就此弄掉了腦袋。

賈士芳死後，雍正帝開始心虛，懷疑賈士芳的鬼魂要找自己算帳，夜夜不能安睡。幸好，龍虎山正一派法師婁近垣給他畫符禮鬥，這才清除了內心的恐懼。

婁近垣也因此被御封為北京皇家道觀大光明殿的開山宗師。

經過這次波折，雍正對長生不老藥的興趣依然不改半分。他把金丹派南宗祖師張伯端封為「大慈圓通禪仙紫陽真人」，敕命在張伯端的故里建造道觀以做崇祀。

雍正還寫過一首題為《煉丹》的詩：

> 鉛砂和藥物，松柏繞雲壇。
> 爐運陰陽火，功兼內外丹。

也許就因為服用丹藥過多，雍正帝終於在雍正十三年暴斃，享年五十七歲。

如果你是雍正，該怎麼對待曾經的心腹小弟年羹堯

曾幾何時，雍正是很寵愛自己的心腹小弟年羹堯的。他曾在年羹堯所上奏摺上嫵媚無限地寫朱批說：

「從來君臣之遇合私意相得者有之，但未必得如我二人之人耳，總之，我二人做個千古君臣知遇榜樣，令天下後世欽慕流誕就是矣。」

君臣之間相得益彰的組合莫過於劉備和諸葛亮、符堅和王猛、唐太宗和魏征。而從雍正的批語來說，他是立志要和年羹堯組合成一個更加光輝的君臣典範來流芳百世的。

實際上，在登帝位後的前兩年，雍正自己也一直向這個方向努力，對年羹堯恩寵有加，好得不能再好。比如說，雍正元年（一七二三）五月，雍正就讓年羹堯遂總攬西部一切事務，要求雲、貴、川的地方官員要秉命於年羹堯，發上諭稱：「若有調遣軍兵、動用糧餉之處，著邊防辦餉大臣及川陝、雲南督撫提鎮等，俱照年羹堯辦理。」

雍正儼然把年羹堯視為在西陲前線的親信代理人，權勢地位遠在撫遠大將軍延信和其他總督之上。一般來說，邊陲重臣是不直接參與朝政的。

雍正不，雍正不僅給予了年羹堯直接參與朝政的權力，他還親自就朝政建設的諸多事宜向年羹堯徵求意見，並且，多按年羹堯的意見執行。

比如山西巡撫諾岷等人奏請實行耗羨歸公政策，此議曾在康熙末年提出過，遭到了康熙的斥責。此次舊議重提，雍正頗為躊躇，他把決定權交給年羹堯，對年羹堯說：「此事朕不洞徹，難定是非，和你商量。你意如何？」

就連律例館修訂律例，雍正也要發給年羹堯看，要年羹堯提修改意見。

在重要官員的任免和人事安排上，雍正更是頻頻徵求年羹堯的意見，並給予他很大的權力。

雍正元年（一七二三）四月，雍正想改授范時捷為陝西巡撫，而將原任巡撫調為兵部侍郎，就這件小

事，雍正還不厭其煩地徵求年羹堯的意見。

在年羹堯管轄的區域內，大小文武官員的任用更是直接由年羹堯一手拍板。

說起來，很多人難以置信，有一次，雍正想將陝西官員調往他省升用，由於陝西是年羹堯的地盤，所以雍正就鄭重其事地問年羹堯「你捨得捨不得」，要他「據實情奏來，朕依爾所請敕行」。

即便是四川、陝西以外官員的使用，雍正也多聽從年羹堯的建議。

河南開歸道一職的補缺，是年羹堯和雍正商量後議定的。另外，雍正曾對京口將軍何天培的任用拿不準主意，最終，也是由年羹堯來決定了此人的去留。

有時，雍正在未征得年羹堯意見的前提下任用了官員，而只要年羹堯提出異議，雍正也會聽從年羹堯的意見，改變先前的決定。

比如，雍正任趙之垣為署直隸巡撫，年羹堯上密折表示此人庸劣紈絝，難堪大任，雍正馬上將趙之垣革職。

又比如，江西南贛總兵缺出，雍正準備啟用宋可進，但年羹堯奏反對，請以黃起憲補授，雍正於是棄宋用黃。

總之，在文武官員的選任上，凡是年羹堯所保舉之人，吏、兵二部一律優先錄用，時號稱為「年選」。

在那一段時間裡，雍正對年羹堯幾乎達到了言聽計從的地步。

當然，年羹堯也是很有兩把刷子的，至少，在武功建樹上來說，他可從來沒有讓雍正失望過。

年羹堯其實是文人出身。他自幼飽讀詩書，二十一歲就考中進士，授職翰林院檢討，不久遷內閣

學士。康熙四十八年（一七〇九年），不到三十歲的年羹堯升任四川巡撫。在四川，年羹堯實施了很多興利除弊的措施，政績頗高。在擊敗準噶爾部首領策妄阿拉布坦入侵西藏的戰爭中，年羹堯雖然沒有直接軍事行動，但在保障清軍的後勤供給方面，樣樣都安排得井井有條，讓康熙激賞不已。康熙六十年（一七二一）九月，青海郭羅克地方叛亂，時為川陝總督的年羹堯以其鐵腕策略迅速平定了這場叛亂。因此，年羹堯得以受命與管理撫遠大將軍印務的延信共同執掌軍務。

雍正元年十月，青海發生羅卜藏丹津叛亂。雍正正式命年羹堯接任撫遠大將軍，駐西寧坐鎮指揮平叛。年羹堯不負重望，於雍正二年初分道深入，犁庭掃穴，大獲全勝。

雍正高興極了，逢人就說，朕有年羹堯這樣的重臣真是天大的幸運，如果有十來個像年羹堯這樣的大臣的話，就不愁治理不好國家了。

雍正寫朱批對年羹堯說：「你此番心行，朕實不知如何疼你，方有顏對天地神明也。」作為嘉獎，雍正晉升年羹堯為一等公。此外，再賞給一子爵，尤其子年斌承襲；其父年遐齡則被封為一等公，外加太傅銜。

此外，雍正還要求世世代代都要牢記年羹堯的豐功偉績。他說：「不但朕心倚眷嘉獎，朕世世子孫及天下臣民當共傾心感悅。若稍有負心，便非朕之子孫也；稍有異心，便非我朝臣民也。」

雍正二年（一七二四）冬，雍正在給年羹堯奏摺的朱批中寫「朕亦甚想你，亦有些朝事和你商量」，宣年羹堯入京覲見。

為示隆重，雍正命各省地方大員均赴京集會。

年羹堯入京後，雍正即賜雙眼孔雀翎、四團龍補服、黃帶、紫轡及金幣等非常之物。年羹堯本人及其

父年遐齡和一子年斌均已封爵，仍賞加一等男世職，由年羹堯次子年富承襲。留京期間，年羹堯即與總理事務大臣馬齊、隆科多一同處理軍國大政。雍正甚至認為他「能宣朕言」，令其「傳達旨意，書寫上諭」。

年羹堯成了一個沒有相位的宰相，沒有王爵的西北王。

雍正不但對年羹堯百般眷顧，對其家人也是關懷備至。年羹堯的妻子偶染小恙，雍正也垂詢再三，賜送藥品。

倘有奇寶珍玩，雍正也時時忘不了賞賜年羹堯。

年羹堯看到宮內有精美的自鳴鐘，表示自己喜歡非常，其中用了一個「貪」字。雍正二話不說，回復了批示，說：「琺瑯之物尚未暇精製，將來必造可觀。今將現有數件賜你，但你若不用此一『貪』字，一件也不給，你得此數物，皆此一字之力也。」

年羹堯為此事上表謝恩，雍正就莊重地發表了本文開首提到過的那一句宣言：「從來君臣之遇合私意相得者有之，但未必得如我二人之人耳，總之，我二人做個千古君臣知遇榜樣，令天下後世欽慕流誕就是矣。」

雍正對年羹堯的寵愛已經到了無以復加的地步。

雍正還深恐這些不能表達出自己的情意，不嫌肉麻地對年羹堯說：「朕不為出色的皇帝，不能酬賞爾之待朕；爾不為超群之大臣，不能答應朕之知遇。唯將口勉，在念做千古榜樣人物也。」

雍正是這樣恩寵和眷顧著年羹堯，那麼，年羹堯是怎樣回報雍正的呢？

在康熙辭世前的三四年，年羹堯曾在寫給雍正的書中信誓旦旦地表忠心，云：「今日之不負皇上，即

異日之不負王爺。」

可是，當雍正登位，任其為撫遠大將軍，晉太保，封公爵，仍兼川陝總督，既統轄兩省，又可節制西陲諸軍，年羹堯開始威權自恣，迷失自我，目中漸無雍正。

根據汪景祺《西征隨筆》記，年羹堯甚至以「宇宙第一偉人」自居。其在西北，儀制嚴重僭越：以御前侍衛擺對，前後導引，執鞭墜鐙；接見屬員叫「引見」；贈或賞別人物品，一律稱「賜」；得贈或得賞之人，得「北向叩頭謝恩」；發給總督、將軍的文書，擅稱「令諭」，把同官視為下屬；甚至蒙古紮薩克郡王額附阿寶見他，也要行跪拜禮。

在進京朝覲時，年羹堯命令總督、巡撫沿途跪接，蒙古王公也不能例外；而當王公大臣跪拜時，他不過略一點頭；普通臣僚跪接，他連看都不看一眼。即使在雍正帝面前，也不加以收斂，驕傲無禮，有過「御前箕坐，無人臣禮」的惡劣表現。

年羹堯的這些行為讓雍正很不爽。

本來嘛，建樹君臣典範是要兩個人共同來完成的，這和建樹模範夫妻是一樣的，單單丈夫或妻子一方傾情付出還不行的，要靠另一方的理解、支持和配合。

偏偏，年羹堯就是不理解、不支持、不配合。

年羹堯結束覲見返陝途中，「戴翎子數人轎前擺隊，行館前後左右斷絕人行」，派頭很大，威風很足。他把官員們的送禮叫做「恭進」，吃飯稱「用膳」，請客叫「排宴」，等等。

在年羹堯進京期間，雍正大封了一批功臣。京城漸漸流傳有「皇帝多是聽從於年羹堯」的謠言。對這謠言，雍正極其惱恨，當著群臣則駁斥道：「夫朕豈幼沖之君，必待年羹堯為之指點？」「年羹

堯之才為大將軍、總督則有餘，安能具天子之聰明才智乎？」

聽說年羹堯在返任期間如此作威作福，雍正越想越不是滋味，於是，在年羹堯的批文裡，嚴肅地談到保全功臣名節的問題：「凡人臣圖功易，成功難；成功易，守功難；守功易，全功難。為君者施恩易，當恩難；當恩易，保恩難；保恩易，全恩難。若倚功造過，必至返恩為仇，此從來人情常有者。爾等功臣，一賴人主防微杜漸，不令至於危地；二在爾等相時見機，不肯蹈其險轍；三須大小臣工避嫌遠疑，不送爾等至於絕路。三者缺一不可，而其樞要在爾功臣自招感也。我君臣期勉之，慎之。」警告年羹堯要慎重自持，善始善終。

可是，年羹堯並不很當一回事。

據蕭奭所著《永憲錄》載：年羹堯回到西北，大搞圖讖一類迷信活動，算陰陽，說自己住房上空凝聚有王氣，說自己出生時和宋太祖、明太祖等人一樣，滿室紅光。他還說，自己已據有川陝兩省，佔有長江上游的便利，又兵強馬壯，打算在雍正四年三月初一舉兵起事。

年羹堯硬要這麼幹，那就沒辦法了。

老實說，換任何人來做雍正，恐怕都不能容忍。

年羹堯打算在雍正四年三月起事，雍正提前一年動手了。

雍正三年三月，天空出現了「日月合璧，五星聯珠」的所謂「祥瑞」，群臣稱賀。

雍正借年羹堯在賀表中把「朝乾夕惕」誤寫為「夕惕朝乾」，突然發難，指責年羹堯故意不把「朝乾夕惕」四個字「歸之於朕耳」是一種「自恃己功，顯露不敬之意」的行為，更換了四川和陝西的官員，把年羹堯的親信甘肅巡撫胡期恒革職，署理四川提督納泰調回京，翦其翼羽。

四月，雍正解除年羹堯川陝總督職，命他交出撫遠大將軍印，調任杭州將軍。

雍正寫給年羹堯的朱批中說：朕也聽說過了，民間有諺言說，「帝出三江口，嘉湖作戰場」。這諺語不知你是否也聽說過？朕今用你此任，你若自稱帝號，也是上天定數，朕亦難挽；若你自不肯為，有你統朕此數千兵，你也斷不能容有人在三江口稱帝。上蒼在上，朕若負你，天誅地滅，你若負朕，不知上蒼如何發落你也。

據《清代軼聞》記，年羹堯兵權被奪，「當時其幕客有勸其叛者，年默然久之，夜觀天象，浩然長歎曰：不諧矣。始改就臣節」。

年羹堯是怎麼「改就臣節」的呢？在赴杭州將軍任的途中，他指使西安府咸寧縣令朱炯收買鼓動軍民，請求為其保留川陝總督之職；到了江蘇儀征，逗留不前，上奏稱：「臣不敢久居陝西，亦不敢遽赴浙江，今於儀征水陸交通之處候旨。」

雍正大怒，斥責年羹堯「逗留中途，曠廢職守，遷延觀望，不知何心」。

九月，雍正一擼到底，下令捕拿年羹堯押送北京會審。

十二月，朝廷議政大臣向雍正提交審判結果，給年羹堯開列九十二款大罪，請求立正典刑。

雍正法外開恩，賜其獄中自裁，其父兄族中任官者俱革職，嫡親子孫發遣邊地充軍，家產抄沒入官。

有人認為，年羹堯因為知道了太多雍正篡位的祕密，雍正殺他，是要滅口。雍正是否篡位，史無定論，但雍正之所以殺年羹堯，原因應該不是這個，否則也不先宣稱要做模範君臣，然後又痛下殺手，這臉打得太痛。

年羹堯死後，雍正對此事的總結是：「大凡才不可恃，年羹堯乃一榜樣，終罹殺身之禍」、「年羹堯

深負朕恩，擅作威福，開賄賂之門，因種種敗露，不得已執法，以為人臣負恩罔上者誡。」

福建童生范世傑為拍雍正馬屁險喪命

在清朝十帝中，雍正的繼位最具爭議性，在民間，人們猜測的聲音不斷，眾說紛紜，各執一詞。湖南永興無良文人曾靜因不第落魄，對朝廷充滿怨恨，私下裡就羅列了雍正皇帝的「十大罪狀」：謀父、逼母、殺兄、屠弟、貪財、好殺、酗酒、淫色、誅忠、任佞，其中的謀父逼母、殺兄屠弟幾項，更是對雍正繼位的合法性提出了明確的否定。

因為此事，掀起了影響巨大的「曾靜案」。曾靜後來為求活命，按照雍正的要求寫了悔罪頌聖的《歸仁錄》，從各方面論證清朝統治的正統性，要世人「歸仁」於朝廷。

雍正下令官員編輯出關於此案的所有《上諭》，結合的曾靜口供及《歸仁錄》，合成《大義覺迷錄》一書，大肆刊印發行，頒發清朝所有學校。

雍正的用意，無非是想借曾靜一案以向天下辯駁申明、澈底洗白自己，以消除不良影響，鞏固帝位。話說，福建汀洲府上杭縣的童生范世傑讀了《大義覺迷錄》，浮想翩躚，為了尋找進身之階，就向福建觀風整俗使劉師恕投遞詞呈，賣力為雍正皇帝歌功頌德。

范世傑此舉得到了劉師恕的稱讚。

恰好福建學政戴瀚將到汀洲府巡視科舉考試，范世傑便認為這是天假其便，心想，我何不就借全國上下都在學習《大義覺迷錄》這股風，以忠義為名寫上一份呈詞給學政大人？

范世傑異想天開，以為這麼一來，就會得到學政大人的賞識，從此就可以青雲直上了。天真的范世傑寫了一份以斥責曾靜，頌揚雍正的呈詞，前往汀州向戴瀚攔路投呈。

大清律令明確規定，為了杜絕請托之事，學政是不得在道路上接受公文呈詞的。因此，戴瀚讓范世傑暫且回去，等到學政衙門發下告示，批准諸學子童生可以呈詞的時候再來投呈。

范世傑只好耐心等待，終於等到學政衙門發下告示，便迫不及待地來到學政衙門將自己的呈詞投上，然後施施然回驛館，滿懷期待地靜候學政大人召見與嘉獎。

戴瀚是個官場上的老油條，政治上非常敏感，他看到范世傑在呈詞上有「三兄有撫馭之才，欽遵父命，讓弟居之，而聖君不敢自以為是，三揖三讓，而後升堂踐天子位」之語，當即驚得肝膽兒直顫。

范世傑這段話是啥意思呢？翻譯成現代文，就是說：當今皇上的三位兄長都有治理天下的才能，但都遵守先皇的命令，讓弟弟繼承大統。登上了皇位的弟弟雖是聖明君主，卻不自以為是，連續三次謙讓，不得已才登上帝位。

好傢伙，雍正皇帝的繼位問題朝野都傳得沸沸揚揚，所有人都諱莫如深，這個小小的童生，竟然信口雌黃，寫上呈詞，大事張揚，真是膽大包天！

戴瀚不敢怠慢，馬上派人把范世傑抓了來審訊。

戴瀚問范世傑：大膽范世傑，你呈詞中說的三兄讓位之事，可有憑證？

范世傑已覺不妙，但還是硬著頭皮答道：我不知道，只是聽到城裡人個個都這麼說。

諸皇子爭位之事，向來都是皇家頭號機密，范世傑一介草民，如何得知其中內幕？他不過知道雍正為皇四子，便妄自猜測，認為皇家垂范天下，自然是禮義仁愛，只有前面的三位兄長主動讓位，皇四子才可

能名正言順登位。

戴瀚虎著臉，又問道：你說的三兄是何名號，爵位，現在在哪裡，怎麼就有扶馭之才了？

范世傑老老實實地答：我不知道。

戴瀚道：你這是無稽之談，你寫入呈內就是造謠惑眾，若是有奸匪誑惑於你，趕快從實招來，這汙謗的罪便不是你的，倘若你說不出是誰蠱惑你說的，則定你一個汙謗朝廷、造謠惑眾之罪。

范世傑魂飛魄散，拖著哭腔說：實在沒有別人教唆於我，我只是聽到人人都這麼說，我就寫入呈詞了。

戴瀚道：我已經調查過，你曾在觀風整俗使衙門劉師恕處遞呈，該呈就沒有這樣的話。

范世傑戰戰兢兢地道：投到劉大人衙門那是我自己所作的。而這個我是用經傳與成語拼合而成的，故有所不同。

戴瀚緊追不捨，繼續逼問：你給我的這份呈內說，觀風整俗使批閱了「忠愛之心可嘉，許以代題」的字樣，既然他認為你忠心可嘉，肯為你將呈文向上投遞，那你就應該在家靜候，為何又來我這裡具呈？

范世傑哭喪著臉說：那忠愛之心的話是劉大人批示的，而代題的話卻是我從衙役口中得知的。

戴瀚表情肅穆地說：雍正六年十一月皇上曾發諭旨一道，曉示皇上乃是繼統登極，你可曾見過？

范世傑結結巴巴地答：見、見、見過。

戴瀚一拍案桌，怒斥道：你既見過上諭，就應該知道三兄讓位的事是沒有的，你為什麼又編造出這些話來？

范世傑囁嚅無語。

戴瀚又說：你說自己家貧寒，難道你具呈頌聖，就是為了僥倖求名獲利？這怎麼能是忠愛之心呢？

范世傑體若篩糠，無言以對。

審訊結束，戴瀚命人將范世傑押交上杭縣收管，自己將審問情況與范世傑的呈報一併報告給了雍正，並建議此案交有關督撫辦理。

幹得漂亮！

雍正對戴瀚的覺悟和處理手法大為讚賞，在戴瀚的密折上朱批道：「所奏甚屬可嘉！地方大員果一一將此等事概不隱匿消滅，此等棍徒何患不盡淨也。」命戴瀚會同督撫祕密審訊。

雍正九年五月，戴瀚與福建總督劉世明、巡撫趙國麟密審范世傑，審訊記錄如下：

問：你在呈裡居然以孟子自居，說什麼「予豈好辯哉，予不得已也！」真是好大的膽子！

供：小的淺薄無知，只是生在聖君統治下的時代，不敢不尊重聖君。聽說曾靜肆意誹謗攻擊聖君，心中憤憤不平，所以斗膽在台前遞呈，是想誠心誠意頌揚聖君。小的實不敢以孟子自居，是小的不通文理，用錯地方了。

問：你呈內又說：「一人橫行於天下，武王恥之。」這裡的「一人」到底所指何人？若說是曾靜，即便曾靜罪大惡極，又豈能以商紂王相比較？至於你說的「武王」，是否你以武王自比？

供：小的呈內的一人的確是指曾靜，武王卻是比當今皇上。意思是想表達：商紂王一人橫行於天下，武王尚且恥之，而當今皇上賢明勝於堯舜，稱得上是古今無雙的聖明天子，曾靜誣謗之罪實是無以復加。今天聽大人們這麼一說，知道比喻不妥，但小的從來不敢自比武王。

問：你呈內說：「三兄有撫馭之才」，這三兄指的是誰？從哪兒得知他有撫馭之才，又從哪兒知道他有讓位之舉，更從哪兒知道當今皇上有三揖三讓之事呢？

供：小的一介草民，孤陋寡聞，原意是想稱頌萬歲爺有聖人之德，至於「三兄有撫馭之才」，那是我前年聽城裡人說萬歲爺孝悌盛德邁越古今，又聽說萬歲爺為皇四子，所以推想上面應該有三位兄長。先皇帝傳位給當今皇上，可見是三位兄長的才幹不及當今皇上。而當今皇上既然有孝悌盛德，也必定會有三揖三讓之事。總之，這些都是小的想當然的事。

問：你說「三兄有撫馭之才」，那就是有治理天下的大才了，他怎麼又會甘心讓位給弟弟呢？

供：小的只是猜想萬歲爺的三位兄長都是先帝的兒子，天家的龍子龍孫，當然是有賢能之才了。如果說「撫馭」二字是指治理天下的意思，那就是小人年紀太輕，無才無識，用錯地方了。大人，小的今年才二十三歲呵，大人！

問：你呈內所說三兄讓位的話，上次供稱是聽城裡人說的，你快將說這話的城裡人供出來！

供：小的實在未曾聽見什麼人說，只是為了頌揚聖德，表一點尊君親上的意思，純屬推想出來的。

問：你說聽見人人都這樣說，才寫入呈詞的。這分明是有傳說之人，你供出來就可以減罪，若不供出，就要動刑了！

供：小的真是只憑自己臆度推想寫入呈內的，並未聽任何人說。

問：你是童生，如果識得尊君親上，就應該安分讀書，為什麼在道路上向學院遞呈？為什麼又謊稱批准代題？到底用意何在？

供：小的家境貧寒，讀書艱難，有志卻不能上達，便想投機取巧，趁學院巡試，投遞頌君呈詞，希望能得學院賞識、引進。借觀風使嘉賞批語並謊稱批准代題，是想以此感動學院。

審訊至此，范世傑明顯只是一個想投機取巧、鑽營盈利的無知小人。而雍正在密審前又有指示，稱如

若范世傑只是一個不安分守己而希圖僥倖獲利的小人，並無什麼悖逆不法之議，則稍稍懲戒一番則可，不必大事張揚。

於是，劉世明、趙國麟等人以范世傑「憑其草野私臆，捍為三兄讓位之詞」奏請將他押復原籍，由地方官嚴加管束，每逢朔望，令其宣讀《大義覺迷錄》。若再生事，即行治罪。

雍正九年（一七三一）六月，雍正帝批准，范世傑一條小命在鬼門關前悠悠轉了一圈，僥倖逃脫一死。

第六章　乾隆大帝

乾隆，大清王朝最幸福的人

《大清高宗純皇帝實錄》記，康熙六十一年秋，康熙皇帝到木蘭秋獮，在永安莽喀圍場獵熊。有一頭大熊，原本已被侍衛射翻，和眾多獵物堆在一起。眾皇子皇孫前來清點獵物時，該大熊突跳起！眾人大驚，一個個魂飛魄散、抱頭鼠竄。而離大熊最近的雍親王胤禛第四子弘曆卻氣定神閒、控轡自若。康熙皇帝在遠處看得分明，暗暗稱奇，舉起御槍，一槍將大熊斃殪。事後，康熙皇帝入武帳，對自己最為寵愛的和妃瓜爾佳氏說：「弘曆命大貴重，他的福份遠遠超過我。」

康熙皇帝八歲登基，十四歲親政，在位六十一年，不但是中國歷史上在位時間最長的皇帝，也是中國統一的多民族國家的捍衛者。他奠定了清朝興盛的根基，開創出康乾盛世的局面，《全球通史》因之把他尊為十七世紀的偉大人物，稱讚他是一位卓越的軍事家，一位精細的管理者，一位淵博的學者。《劍橋中國清代前中期史》則說，康熙皇帝「是中華帝國歷史上最偉大的統治者之一，他的統治時間不僅僅是最長的，而且也是最具有活力的，在中華帝國的歷史上更是最複雜的。」

康熙皇帝甚至被後世很多學者奉為「千古一帝」。

作為「千古一帝」的康熙皇帝，福份不可謂不厚，但是，他見了弘曆，竟然自認福份遠遠不及，從這個意義上來說，弘曆才是大清王朝最幸福的人。

康熙皇帝幼年生過一場病，這場病的名字叫「天花」。

當時，天花是一種幾乎與死亡劃等號的傳染性惡疾，感染上它的人，死亡率極高。

攝政王多爾袞的弟弟多鐸就是感染上天花死的；順治的愛妃董鄂妃也是感染天花死的；順治本人的死

因也是感染上了天花。

可是，康熙皇帝卻神差鬼使地躲過了病魔的吞噬，神奇地活了下來。

俗話說，大難不死，必有後福。

就因為患過這場病，康熙皇帝的身上有了抗天花病毒的自然免疫力，才被選為帝位繼承者，從而登上了帝位。

康熙皇帝的晚年，多愁、多病、多憂。

痛苦的根源，就在於眾子爭儲、互相紛爭計算。

不過，就在康熙六十一年這一年，康熙皇帝的愁結，漸得開解。因為，弘曆映入了他的眼簾，走進了他的心裡。

這年暮春三月十二日，康熙皇帝到皇四子雍親王胤禛的別墅做客。在牡丹簇簇的樓臺前，見到了年方十一歲的弘曆。

弘曆的生辰八字非常好。

至今，在清朝宮廷檔案中還珍藏著弘曆的生辰八字資料，內容是：

辛卯（康熙五十年），丁酉（八月），庚午（十三日），丙子（子時）。

附有算命先生的批語，其中有「生成富貴福祿天然」、「文武經邦，為人聰秀，做事能為」、「諸事遂心，志向更佳。命中年得妻星最賢最能，子息極多，壽元高厚」。

誠然，從弘曆後來的生平來看，這個算命先生的批語是極準的。

而在當時，因為這份批語，雍親王胤禛對這個兒子特別寵愛，對這個兒子的未來，充滿了信心。

康熙六十一年這一年，雍親王胤禛和皇八子胤禩、皇十四子胤禵的明爭暗鬥正到了關鍵時刻。胤禛不失時機地讓弘曆與康熙祖孫相見，是自信弘曆的出現必定會為自己加分。

果然，康熙見了弘曆，「見即驚愛，命宮中養育，撫視周摯，備荷飴顧慈恩」。

康熙公開宣諭帶弘曆回宮中養育，是在自己六十九歲的壽宴上（三月十八日）。

帶回宮中養育，意味著什麼呢？

在這之前，廢太子胤礽的兒子弘晳也曾獲得過收養育宮中的待遇。

按照朝鮮貢使的說法：「皇長孫（弘晳）頗賢，難於廢立。」

也就是說，康熙雖然暫時廢黜了胤礽的太子位，但考慮到弘晳的賢能，還會重立胤礽為太子的。

果不其然，不久又復立了胤礽。

可惜的是，胤礽不知自愛，最終又招致第二次被廢。

康熙帶弘曆回宮中養育，則胤禛、弘曆父子二人的美好前途，已是不言而喻。

在宮中，康熙給弘曆親授書課，教導有加。

《大清高宗純皇帝實錄》說，康熙「偶舉《愛蓮說》以試，誦解融徹，獎悅彌至。」

在康熙六十一年秋，康熙巡幸避暑山莊，弘曆隨行，得賜居於萬壑松風之中。

某日，弘曆正在讀書，突然從書窗看見御舟泊晴碧亭畔，且聽到祖父叫自己的名字，就從岩壁攀爬而下。康熙既關切、又緊張，連連叮囑弘曆不要走太快，所謂「恐致蹉跌，愛護殊常」。

獅子嶺北的獅子園是胤禛的藩邸。那天，康熙專門進獅子園進膳。胤禛和他的福晉烏喇那拉氏恭迎聖駕。康熙沒有見到弘曆的生母鈕祜祿氏，很不高興，命令烏喇那拉氏回去帶鈕祜祿氏前來問安拜覲。鈕祜祿氏的母家在官場地位很低，作為寒微的雍邸格格，鈕祜祿氏本來是不可能被皇帝召見的，這天得此恩寵，無疑是母憑子貴。

康熙見到了鈕祜祿氏，「天顏喜溢」，連聲稱讚鈕祜祿氏是有福之人。寒微的雍邸格格，怎麼會是有福之人？個中意味，在場的人心照不宣。

康熙六十一年十一月初，康熙帝病倒。朝鮮使臣有記：「康熙帝在暢春苑病劇，知其不能起，召閣老馬齊言：第四子雍親王胤禛最賢，我死後立為嗣皇。胤禛第二子（誤，應為第四子）有英雄氣象，必封為太子。」十三日凌晨，康熙帝病逝，雍親王胤禛果然繼位成為了大清朝的第五位皇帝，即雍正皇帝。

而雍正即位後，雖然創建了一個祕密建儲制，把繼位的皇太子名字寫入密封，藏匿在匣內，再將匣子放在乾清宮「正大光明」的匾額下面。但，大家都知道，密封裡寫的名字就是愛新覺羅・弘曆。

雍正十三年八月，雍正帝去世，內侍依照密封所書，宣佈弘曆即位，是為乾隆帝。

乾隆帝二十五歲登基，一生身體健康，沒有遇到大災大病，在位六十年，禪位後又任三年零四個月太上皇，實際行使國家最高權力長達六十三年零四個月，是中國歷史上實際執掌國家最高權力時間最長的皇帝，也是中國歷史上最長壽的皇帝，實在是福澤深厚。

乾隆身世慘遭惡搞的全過程

明朝末年，旱、澇、蝗災並起，關中大饑，流民軍蜂起，李自成、張獻忠等數百萬大軍馳騁蕩決，將大明江山攪得搖搖欲墜，不得安生。

就在這關乎生死存亡的緊要關口，滿清聞風而動，數度入關，瘋狂劫掠。

在這內外交困之下，大明王朝終於再也抗不下去，轟然倒在李自成的腳下。

滿清貴族也因此找到了一條頗為正當的理由：「替明復仇」。

他們殺入關內，最終澄清四海、定鼎中原。

當然，這過程是在無數慘絕人寰的大屠殺下完成的：揚州十日、嘉定三屠、廣州大屠殺、江陰八十一日、四川大屠殺、濟南之屠、大同之屠、渾源之屠、汾州之屠、太谷之屠……種種大規模的屠殺持續了半個世紀之久，直到康熙二十一年（一六八二年）才逐漸平息。

據《明熹宗實錄》卷四記，明光宗泰昌元年（一六二〇年）全國官方統計中國人口為五一六五五四五九人，即約五一六五萬人。

到了清世祖順治八年（一六五一年），據《清世祖實錄》卷六十一所記，滿清官方統計的全國人口為一〇六三三三二六人，也即約一〇六三萬人。

兩相比較，中國人口少了四一〇〇多萬。

也就是說，在明亡清興的短短幾十年內，全中國人口迅速銳減了幾千萬人，可悲、可歎！

然而，清朝入關後的第四任皇帝乾隆卻沾沾自喜地說：「我朝為明復仇討賊，定鼎中原，合一海宇，

為自古得天下最正。」

這個乾隆，堪稱大清王朝中最自大、最狂妄的皇帝，其自比堯舜，矜誇詩文天下一流，武功蓋世，將祖、父和自己統治下的大清三朝稱為「康雍乾盛世」，在做了六十年皇帝後，意猶未盡，自我總結一生有「十全武功」，自詡為「十全老人」，並作《御制十全記》，令寫滿、漢、蒙、藏四種文體，建碑勒文。

然而，乾隆做夢也不會想到，百年之後，他竟然成為了人們最熱衷於惡搞的對象。

之所以要到百年之後，是因為乾隆朝的文字獄太恐怖了。

當孫中山那震耳發聵的「驅除韃虜，恢復中華」的口號提出，當清廷政府不可避免地走向滅亡，人們就再無禁忌，惡搞開始——忍你，已經很久了。

惡搞的態度極其認真、一本正經、言之鑿鑿。

乾隆不是自誇滿人得國最正嗎？惡搞就從他的出身開始。

清末著名詩人、學者王闓運在所著的《湘綺樓文集》中說，乾隆的生母是熱河的民間女子，漢族人，家道平常，十三四歲時到北京入選了秀女，被分發到雍王府做丫鬟。雍正有一段時間生了重病，這女子對雍正悉心照料，兩人最終日久生情，珠胎暗結，產下一男孩，取名弘曆，即後來的乾隆皇帝。

王闓運是一個很有名的歷史學者，由他來講這個故事，人們都信以為真。

這個故事最妙的地方，是從血統上否定了乾隆的「純正」滿人身分。

王闓運開了這個頭，後繼者接踵而來。

熱河都統的幕僚冒鶴亭也講了一個非常精彩的故事：每年秋天，康熙都要帶領一眾皇親貴族到熱河狩獵。有一年，雍親王胤禛隨駕射得一隻梅花鹿，聽說鹿血大補，便貪吃了幾大盅。哪知鹿血不但補，而且

壯陽。晚上宿避暑山莊，雍親王腎上腺分泌激烈，精蟲上腦，難以自持，北京的雍王府雖然嬪妃眾多，但遠水解不了近火，情急之際，饑不擇食，他將行宮內奇醜無比的漢族宮女李氏推倒，成就了魚水之歡。第二年，康熙又到避暑山莊，發獻醜女即將分娩，大為震怒，追查此事。不得已，雍親王承認是自己幹的好事。康熙不能容忍醜女在宮殿分娩，讓人將她帶入草棚馬廄，在草房裡生下了乾隆。

冒鶴亭說，這故事可不是他本人編造的，是從熱河當地宮監那裡聽來的。至於乾隆出生的那草棚馬廄，清廷每年都有撥專款修葺。

冒鶴亭還說，官修的《熱河志》中還特別提到過這間破爛不堪的草棚呢。而且，後來乾隆奉母南巡，江南命婦私下都說太后是長得很醜很醜的。

著名作家周黎庵就根據冒鶴亭的講述寫了《清乾隆帝的出生》一文，發表在《古今文史》上。毫無疑問，冒鶴亭的講述比王闓運精彩多了，不但生動傳神地刻畫出了康熙、雍正父子的苛刻、峻急的形象，還在乾隆母親漢族人的身分上加了一筆：醜。

冒鶴亭的說法得到了更多人的認可，臺灣史學家莊練、小說家高陽等都接受了這種說法，還著力考證，最後考證出這個李氏勤部名字叫李金桂。

莊練和高陽等人為什麼相信這種說法呢？除了那間不像樣子的草棚是個物證外，關鍵是乾隆自己也承認自己是出生在承德避暑山莊的。

儘管《清高宗實錄》裡白紙黑字地記著「康熙五十年辛卯，八月十三日子時，誕上（指乾隆）於雍和宮邸。」但是，乾隆朝任軍機章京的管世銘在跟隨乾隆去熱河狩獵、夜宿避暑山莊時，寫了一首馬屁詩，說：「慶善祥開華渚虹，響聲猶憶舊時宮。年年諱日行香去，獅子園邊感聖衷。」管世銘生怕別人看

不懂，還在詩後作注，稱，「獅子園為皇上降生之地，常於憲廟忌辰臨駐。」乾隆讀了這首詩後，並無異議。這就說明了乾隆是承認自己是誕生於承德避暑山莊的獅子園的。

此外，嘉慶元年（一七九六年）八月十三日，已當太上皇的乾隆在避暑山莊過八十六歲「萬萬壽節」時，嘉慶寫詩慶賀，其中有「肇建山莊辛卯年，壽同無量慶因緣」，詩後注云：「康熙辛卯肇建山莊，皇父以是年誕生都福之庭。」嘉慶二年（一七九七年）乾隆又在避暑山莊過壽，嘉慶再次寫詩祝壽，詩的小注中同樣記：「敬惟皇父以辛卯歲，誕生於山莊都福之庭。」

在冒鶴亭這兒，乾隆的血統不僅被改為一半漢人、一半旗人，母親還成了一個奇醜無比的母夜叉！冤，真冤！

曾任民國國務院總理熊希齡還嫌不夠狠，整出了一個更狠的猛料。

熊希齡說，他曾在熱河行宮看到有一處與周圍樓臺亭榭格格不相入的茅草房，就在「東宮」（俗稱「太子圓」）內，形跡可疑，不免仔細諮詢知其掌故者。一名八〇多歲的「老宮役」於是講述了茅草房的來歷：乾隆的母親不僅是漢人，醜，還特別傻，人稱「傻大姐」。「傻大姐」的家原在江南，隨其家人到熱河營生，被入選為侍女，在避暑山莊打雜，機緣巧合，結識了雍正。「傻大姐」對雍正暗生情愫，且有了關係，後來就在茅草房產下了乾隆。

胡適從熊希齡那兒聽到了這個故事，就鄭重其事地記在自己的日記裡。隨著《胡適之日記》的公開，乾隆的生母是「傻大姐」的傳聞便在坊間傳得沸沸揚揚了。

不難看出，熊希齡講的這個故事其實是前面王闓運、冒鶴亭故事的糅合和改版，在王、冒兩故事的基礎上給乾隆的母親加了一個標籤：傻。

當然，乾隆的身世被翻炒得最為曲折、離奇的還是晚清天嘏在《清代外史》裡所記。

《清代外史》在說這一段時，還用了一個非常搶眼球的標題：《弘曆非滿洲種》。

弘曆就是乾隆的名字，該標題開宗明義：乾隆根本就不是滿族人！

不是滿族人，難道是漢族人？

對，就是漢族人。

天嘏在自己的書裡講了一個讓人腦洞大開的故事：在康熙朝，皇太子兩次被廢，儲位遲遲未定。為了能做上儲君，身為皇子的雍正挖空心思、機關算盡。而讓雍正最為苦惱的，是他生育不繁，遲遲沒產有王子。康熙五十年（一七一一年）八月十三日，雍親王妃終於生產了，可是，到頭來，產下的卻是一個女嬰。雍正無比失望。恰好，浙江海寧的陳世倌家也在同一天產下了一個小孩，男的。陳世倌和雍正關係十分密切，生兒心切的雍正讓陳家把男孩抱入王府，成功地實施了調包計，把自己家的丫頭換來了陳世倌家的兒子。

天嘏還透露了一個秘聞，說，乾隆長大後，也知道自己不是滿洲人，經常在宮中身著漢服，還問身邊的寵臣自己像不像個漢人。

天嘏說，乾隆身著漢服的情節，可不是他胡謅的，宮中有畫像為證。

的確，乾隆漢化思想嚴重，經常穿前明的服飾顯擺，還讓畫師照著畫下來。這些畫像還保存著呢。

哈哈哈哈！滿清從漢人手裡奪取了江山，哪知傳來傳去，不知不覺地又傳回到了漢人手中，妙啊妙啊！

天嘏這個故事最受百姓歡迎，一下子就流傳開了，風頭遠蓋過前面幾個，很快就驚動了一個重量級的小說家——許嘯天。

許嘯天是以寫歷史題材著稱的鴛鴦蝴蝶派小說家和劇作家，讀了天嘏的《弘曆非滿洲種》，頗以為然，隨即在自己的代表作《清宮十三朝演義》中援引了這一故事，非但有鼻子有眼地描述了「以鳳換龍」的全過程，還增加了乾隆借南巡之名去海寧探望親生父母的情節。書中寫，由於陳閣老夫婦早已去世，乾隆到了墓前，用黃幔遮著，行了做兒子的大禮。

《清宮十三朝演義》銷量很高，從一九二六年首次出版至一九四九年間就重版了將近三十餘次，海寧一帶的老百姓都咬實了乾隆就是陳閣老之子。

一個叫富察敦崇的旗人忍無可忍，專門寫了一本名叫《皇室見聞錄》的書，為乾隆辯明正身，他在書中說：「以雍正之英明，豈能任後宮以女易男？」他還談到，皇孫誕生，按例王府要立即差派太監到內奏事處口頭上報，再由宗人府專門寫摺子奏報皇上，以備命名，豈能拖了幾天甚至幾個月還沒有申報的？若是雍親王府已按時申報生的是女孩，又怎能過了幾天又改為是男孩？

但是，與銷量火爆的《清宮十三朝演義》相比，富察敦崇的《皇室見聞錄》根本就是一本地攤級的垃圾書，人民群眾看不到。則「乾隆是海寧陳閣老之子」的說法繼續在民間發酵、蒸騰。

等到祖籍為海寧的武俠小說家金庸寫就《書劍恩仇錄》一書，「乾隆是海寧陳閣老之子」的身世算是坐實了，怎麼洗也洗不清了。

《書劍恩仇錄》不但秉承了天嘏所著《清代外史》中乾隆為海寧陳家之子這段偷龍轉鳳的故事，還全方位地演繹了許嘯天《清宮十三朝演義》中乾隆到江南尋母的種種情節，並加入了陳氏後人勸乾隆恢復漢業的故事，將「乾隆是海寧陳閣老之子」的傳說推到了高峰。

而最令人哭笑不得的是，金庸還在《書劍恩仇錄》中嫵媚且俏皮地說，我也知道乾隆是海寧陳家後人

的傳說靠不住，歷史學家是不喜歡傳說的，但寫小說的人喜歡。

神祕的皇子，本有繼承資格，卻被邊緣化，慘遭史書省略

武俠小說家金庸的《書劍恩仇錄》有一個重要背景，即「乾隆是海寧陳閣老之子」。

由於《書劍恩仇錄》的第一主角是「海寧陳閣老」的另一個兒子陳家洛，也就是說，乾隆和陳家洛是同胞親兄弟。該書就圍繞著這對親兄弟在對待胡漢對立、家國情仇的態度和做法上虛構了一系列驚心動魄、精彩離奇的故事，給讀者留下了深刻印象。

其實，《書劍恩仇錄》是秉承了以寫歷史題材著稱的鴛鴦蝴蝶派小說家許嘯天所著《清宮十三朝演義》裡的寫法。

《清宮十三朝演義》中關於乾隆朝的記述，是從海寧陳家生子被時為雍親王的雍正帝偷龍轉鳳的故事開始的。

故事講的是：在康熙朝，皇太子兩次被廢，儲位遲遲未定。為了能做上儲君，雍親王挖空心思、機關算盡。而讓雍親王最為苦惱的，是自己生育不繁，遲遲沒產有王子。康熙五十年（一七一一年）八月十三日，雍親王妃終於生產了，可是，到頭來，產下的卻是一個女嬰。雍親王無比沮喪。恰好，浙江海寧的陳世倌家也在同一天產下了一個小孩，男的。陳世倌和雍親王關係密切，生子心切的雍親王讓陳家把男孩抱入王府，成功地實施了調包計，把自己家的丫頭換來了陳世倌家的兒子。

其實，這個故事並非許嘯天原創。

許嘯天是取材於署名為天嘏所著的《清代外史》中《弘曆非滿洲種》一文，不過，在雍親王以女嬰易

男嬰情節的基礎上，許嘯天又加入了乾隆長大登位後到江南尋母的種種情節，並活靈活現地刻畫了陳氏後人勸乾隆恢復漢業的故事，將「乾隆是海寧陳閣老之子」的傳說推到了高峰。

而經過天嘏、許嘯天、金庸三人的煞有介事、言之鑿鑿的講述，很是有一部分人對乾隆的漢人身分深信不疑。

其實，「乾隆是海寧陳閣老之子」的說法只是野史和小說家的獵奇筆墨，絕不能當真。

因為，這個說法是建立在這樣一個前提下的：即乾隆降臨人世之前，雍正還沒生育有兒子，或生育的兒子都夭折了。

事實上，雖然雍正的子嗣不旺，但單單皇子也生了十個，其中，有四個是在乾隆之前出生的。

乾隆其實是雍正的第五子。

早在康熙三十六年（一六九七年），雍正就生育有兩子：皇長子弘暉和過早夭折沒來得及排序的弘昐；康熙三十九年（一七〇〇年）又生下了皇二子弘昀。

雖說皇長子弘暉和皇二子弘昀分別夭折於康熙四十四年和康熙五十年，而身為皇四子的弘曆（即後來的乾隆帝）是在康熙五十年才出生，說雍正此時「求子若渴」也不錯，但別忘了，在皇二子弘昀和皇四子的弘曆之間還夾有一個皇三子弘時！而在弘曆出生後三個月，皇五子弘晝也出生了！

這裡，就專門來說說皇三子弘時。

皇三子弘時生於康熙四十三年（一七〇四年），比乾隆大了七歲，身體一直很好。因此，那些說雍正苦於無子以至不得不抱了漢人的兒子充當自己兒子的說法是不存在的。

雍正即位時，弘時是雍正存世年齡最大的兒子，並已生有子嗣，其子永珅生於康熙六十年，是雍正的

長孫。另外，弘時的生母李氏在雍邸時已是側福晉，名份僅次於嫡福晉烏喇那拉氏，從某種程度來說，弘時應該是雍正立儲的首要人選。

但是，我們都知道，雍正後來建儲，卻是棄長擇幼，選了比弘時小、且其生母地位低下的弘曆，弘時則被莫名其妙地從玉牒上除名，謎一般死去。

甚至，今天我們讀高達一百五十九卷的雍正朝實錄，連弘時的名字都找不到！彷彿雍正從來就沒有過這個皇子，這也是為什麼天嘏、許嘯天等人認為雍正在生弘曆前沒有兒子的原因。

是乾隆繼位後，「念兄弟之誼」，重新將弘時收入譜牒之內。我們通過讀乾隆朝實錄，才知道世上曾經有過弘時這麼一號人。

即使如此，清廷官修史書對弘時其人其事的記載也是惜墨如金，不肯多置一詞。

民國所修《清史稿》就只寥寥提了幾句，諸如「弘時，世宗第三子，早死，無嗣」之類。

實際上，弘時既不是世宗（指雍正）的第三子，也沒有早死，更不是無嗣。《清史稿》的記載錯誤連篇，主要還是記載有弘時的史料被銷毀太多、保留下來太少有關。

弘時也因此成為了大清王朝最神祕的皇子。

從乾隆朝實錄中所收錄的乾隆重收弘時入譜牒的上諭裡，我們可以捕捉到一絲關於弘時獲罪被懲的資訊。乾隆的說法是：「從前三阿哥年少無知，性情放縱，行事不謹，皇考特加嚴懲，以教導朕兄弟等，使知儆戒。」

所謂家醜不宜外揚。乾隆這道上諭說得很隱晦，弘時是因為「年少無知，性情放縱，行事不謹」而獲的罪，而雍正是為了教導其他子女，才「特加嚴懲」的。

「年少無知，性情放縱，行事不謹」的說法實在太籠統了，讓人摸不著頭腦。

清史專家孟森先生也和很多人一樣，存在著同樣的疑惑。

他提出：「弘時長大，且已有子，忽於雍正五年八月初六日申刻以『年少放縱，行事不謹，削宗籍死』」；「夫『年少放縱，行事不謹』，語頗渾淪，何至處死，並削宗籍？」「世遂頗疑中有他故。」

孟老先生百思不得其解，最後猜測，弘時之死大概與「世宗大戮其弟」有關。他解釋說：「世宗處兄弟之酷，諸子皆不謂然。弘時不謹而有所流露，高宗謹而待時始發也。」

也就是說，在雍正整肅當年「九王奪嫡」時的頭號政敵允禩時，弘時對允禩等人表示出了不應該有的支持與同情，因而被「削宗籍死」。

但是，後人卻在臺灣故宮博物院中發現了一份雍正處理弘時的原諭，其中提到：「今已將允禩治罪，摯回帶子，從玉牒除名。弘時既與伊為子，不能不摯回弘時之帶子，著將弘時帶子摯回。」

可見，弘時被「削宗籍死」，並不是他對允禩表示出支持和同情那麼簡單，而是他根本就是允禩的養子！

真是奇了怪了。

允禩既然是雍正的政敵，是雍正必欲除之而後快的人物，雍正為何要把自己的兒子過繼給允禩為子？這樣做，豈不是早有除掉這個兒子的打算了？

如此一來，我們不難推斷出：弘時其實並不是受允禩牽連而獲罪，而是因為遭受雍正的忌恨而被雍正推向允禩的陣營，以便在清算允禩時把他和允禩一併剪除。

那麼，問題來了，雍正為什麼會忌恨這位事實上的長子呢？

我們從有限的史料可以看到，雍正元年，雍正剛剛即位那會兒，他在給弘曆、弘晝聘請福建漳浦人蔡世遠為師傅授讀的時候，也精心地給弘時安排了傅安慶府教授王懋竑為師傅。王懋竑可是前朝狀元王式丹的侄子，和他的叔父一樣文名遠播，叔侄均為鴻學宿儒。雍正選王懋竑為弘時的師傅，足見對弘時還是很愛護的。

那麼，是什麼使弘時在短短一兩年時間內被雍正推到了自己的對立面呢？有人猜測，應該是雍正棄長立幼的建儲作法引起弘時的不滿，最終，父子失和。這種說法，還是有一定根據的。

雖說雍正為了避免自己當年「九龍奪嫡」的血腥場面，創制了「祕密建儲」，在雍正元年（一七二三年）八月十七日宣佈立儲，把立儲文書密存在「正大光明」匾額之後。但他的種種做法，已經把立皇四子弘曆為儲的「祕密」暴露無遺。比如，在雍正元年正月，雍正在天壇行祭天祈穀之禮後，就專門賞賜祭肉給弘曆。弘曆後來也追憶說，這是父皇「為他日付託之本，志早先定，仰告昊蒼，故俾承福受胙也。」同年十一月十三日，為康熙皇帝的周年忌辰，本該由雍正親自前往致祭，但雍正卻別有深意地派年僅十三歲的弘歷代替自己前往景陵致祭。

行此種種，立弘曆為儲之意已昭然若揭。

作為比弘曆大了七歲、已經成年生子的皇長子弘時來說，目睹到這一切，內心不痛快，那是必然的了。不過，再細一點分析史料，似乎弘時和父親雍正關係鬧僵又非始於雍正元年這一年。

此前發生的一些事已隱約透露出雍正早對弘時不滿意了。

比如說，康熙五十九年（一七二〇年）十二月，誠親王胤祉、恒親王胤祺分別冊封自己的兒子為世

子（即親王王位的繼承人）。而同為親王的胤禛（也就是後來的雍正）竟然沒有任何表示，沒有冊封已經十七歲的弘時為世子。

由此可見，雍正對弘時的成見，應該產生於更早的時間。

但雍正到底是什麼原因冷落和捐棄弘時，已經無可查考，弘時也因此成為了大清朝最神祕的皇子。

一樁歷時半個世紀的文字獄案，令人驚心動魄

大清王朝一個出名污點，當屬文字獄，其中最知名一件，當屬雍正年間的「曾靜案」。

話說，清雍正六年，湖南永興無良文人曾靜因為屢試不第，遂對朝廷產生怨恨之情，私下羅列了雍正皇帝的「十大罪狀」：謀父、逼母、殺兄、屠弟、貪財、好殺、酗酒、淫色、誅忠、任佞，由弟子張熙投書手握三省重兵的川陝總督岳鐘琪，策劃岳鐘琪起兵反清。

造反是關係到身家性命的大事，岳鐘琪豈敢造次?!他火速飛奏雍正，並從張熙處入手，順藤摸瓜，捉拿到了曾靜。

曾靜為求活命，按照雍正的要求寫了悔罪頌聖的《歸仁錄》。

雍正下令官員編輯出關於此案的所有《上諭》，結合的曾靜口供及《歸仁錄》，合成《大義覺迷錄》一書，大肆刊印發行，頒發全國所有學校。

雍正的意思，是想讓天下人知道曾靜對自己的指責字字皆虛，澈底消除不良影響，鞏固自己的帝位。

這段公案，在唐國強老師的經典電視劇《雍正王朝》裡，演的十分生動傳神。特別是唐老師的雍正，捧著案卷氣的吐血痛哭，看得電視機前的觀眾都十分揪心。另外還有姜大衛的香港劇《大內群英》，風度

翩翩的姜明星塑造的曾靜，華麗變身為武學高手，與雍正帝和呂四娘，圍繞這樁文字獄，好好演繹了一把愛恨情仇，也著實賺足了大陸女粉絲的眼球。據說當時姜大衛來內地演出，走哪都有小女生尖叫，形象十分男神。

不論揪心還是男神，一個事實卻公認：這樁起因荒唐的文字獄案，無論當時還是今天，都十分有影響力。一乾清宮戲票友中間，十分有知名度。基本只要知道雍正的朋友，少有不知道這事的。

但極少有人知道，這件所謂的文字獄案，在清朝只是一個線頭，隨後爆發的，卻是一個隱藏在感人橋段和八卦故事之下，極為兇殘離奇的又一大案。

且說，廣東惠來縣有一個名叫屈明洪的縣學教諭，他在按照朝廷的要求頒發《大義覺迷錄》一書時，用心研讀，讀到書中有張熙供認欽仰的廣東「屈溫山先生」的文字，不由心口怦怦直跳。

原來，屈明洪的父親名叫屈大均，號翁山，著有《翁山文外》《翁山詩外》等書，屈明洪疑心張熙所說的「屈溫山先生」乃是「屈翁山先生」之訛誤，因此不寒而慄。

老實說，屈大均可是明末清初的嶺南著名人物，與陳恭尹、梁佩蘭合稱「嶺南三大家」，一生著作等身。清兵入廣州前後，屈大均參加過其師陳邦彥以及陳子壯、張家玉「廣東三烈」的反清鬥爭，他還向南明永曆帝呈獻了《中興六大典書》，希冀大明可以驅除韃虜、光復河山。但抗清鬥爭最終還是失敗了。屈大均懸崖撒手、削髮為僧，法號今種，題其所居之處為「死庵」，胸前用黃絲掛永曆銅錢一枚，以示不忘亡明。數年後，屈大均塵心未了，隻身飄然北上，先是到了江蘇南京偷偷拜祭了明孝陵，後輾轉到北京景山哭拜崇禎帝。再後來東出山海關，周覽遼東、遼西形勝，留意山川險阻，與顧炎武、李因篤、朱彝尊等聯合密謀，志圖反清復明。他還到同鄉袁崇煥戰鬥過的寧遠城寫詩憑弔。返回關內後，他積極聯絡臺灣抗

清英雄鄭成功，並導引張煌言率軍沿江而上，克蕪湖，取徽、寧，下州縣三十餘。但不久後兵敗。吳三桂在雲南起事，屈大均欣然奔赴雲南，投身於反清鬥爭中。但在弄清楚了吳三桂不過是借反清之名而行稱霸割據之舉，感到復明無望，於是隱歸老家番禺，潛心撰寫《皇明四朝成仁錄》，為崇禎、弘光、隆武、永曆四朝的忠臣義士立傳，終不復出，病逝於康熙三十五年。

從康熙三十五年（一六九六年）到雍正八年（一七三〇年），時間已經過了三十四年，屈明洪為了撇清關係，趕緊到廣州省布政司繳印，又自動自覺地到廣州府投獄自首。

屈明洪說，父親屈翁山目無法紀，著作悖逆文詞，犯下了滔天大罪。只是父親死時，自己年紀尚幼，懵懂無知，父親的詩文刊版存留在家，自己一直沒有覺察，是讀了《大義覺迷錄》，回去自糾自查，才發現父親詩文的文字和內容亂紀悖常，所以親自呈首投監，請正典刑。

廣東巡撫傅泰趕緊查閱《翁山文外》《翁山詩外》等書，果然是「多有悖逆之詞，隱藏抑鬱不平之氣」，於是上奏朝廷，說屈大均「狗彘居心」、「禮義盡喪」、「不知天高地厚之深恩，妄逞狼嗥犬吠之狂詞，詆毀聖朝，盜竊微名」。

刑部根據傅泰的呈報，議請按大逆律將屈大均戮屍梟首，親屬照例緣坐。

還好，雍正正為自己的「傑作」《大義覺迷錄》有此收效洋洋自得，網開一面，降旨說念屈明洪能投案自首，可減等論處，免除其父戮屍之刑，僅將屈明洪以及其二子流放福建，焚毀屈大均詩文著作。

事情至此即告一段落。

又過了四十二年，即乾隆三十七年（一七七二年），好大喜功乾隆帝專門設立了《四庫全書》館，準備大張旗鼓地彙編《四庫全書》，同時「寓禁於征」，敕令各地官府徵集流散於民間的遺書、遺文，書中

但有反清字眼，便趁此機會查繳，能刪改就刪改，不能刪改就銷毀。

一番「寓禁於征」的大動作下來，朝廷收穫豐碩，查繳禁書達三千多種，十五萬餘部，總共焚毀的圖書超過七十萬部，禁毀書籍差不多與《四庫全書》所收集的書籍一樣多。

在乾隆三十九年，廣東南海、番禺兩縣查獲了屈大均族人屈稔禎、屈昭泗所藏的《翁山文外集》，兩廣總督李侍堯、廣東巡撫德保借題發揮，說屈大均「肆其狂吠，罪惡昭彰」，上書朝廷，建議將屈大均的子孫及收藏逆書的屈稔禎、屈昭泗等人斬立決。

實際上，屈稔禎只略通文墨，屈昭泗則目不識丁，兩人都是出了五服的屈大均的曾侄孫，並不知道屈大均的書籍中有著什麼悖逆的言辭，平白無故禍事從天降，魂飛魄散、叫苦不迭。

乾隆皇帝為了廣征和誘繳圖書，用一種「取信於民」的作派處理了此案，免屈稔禎與屈昭泗的罪，只燒毀屈大均的詩文了事。

屈大均的子孫包括屈稔禎、屈昭泗等人從鬼門關前撿回了一條命，千恩萬謝，拜謝而去。

但事情還沒有完。

某日，乾隆心血來潮，閒翻屈大均的詩文，發現有「雨花臺葬衣冠」之句，不由怒從心頭起、惡向膽邊生，大喝道：「此等悖逆遺穢，可任其留存？」立即諭令兩江總督高晉到雨花臺找到該衣冠塚，銷毀清除。

高晉得令，將任務交給江寧藩司閔鶚元。

閔鶚元在雨花臺來來回回地搜了個遍，根本搜不出屈大均詩裡的衣冠塚！

高晉大吃一驚，感到事件非同小可，只得親自出馬。

最終，高晉也是一無所獲。他只好據實上報乾隆。

乾隆意興闌珊，就此拉倒，說：「既無其事，可以已耳。」

廣東巡撫德保覺得乾隆對一座衣冠塚尚且勞心勞力，不敢怠慢，趕緊在番禺縣查找屈大均的墳墓，主張將雍正帝已經開恩赦免的銼屍梟示之舉恢復，「仍銼其屍，以快人心，以中國法。」

乾隆已淡化此事，批示道：「亦不必矣。」

這樣，一樁歷時半個世紀的文字獄案這才劃上了句號。

大清朝的「鐵骨諍臣」終成千古笑話

話說，西元一七三六年，大清政府領導換屆，二十五歲的乾隆皇帝一上臺，就下令刑部將懸掛在菜市口風吹雨淋了將近十年的汪景祺頭骨取下，「制竿掩埋」。

汪景祺是錢塘（今浙江杭州）人，其父曾任戶部侍郎，其兄曾任禮部主事，屬於官宦子弟。其人遊手好閒，終日無所事事，於雍正初年到陝西探訪任陝西布政使的朋友胡期恒，並通過胡期恒這層關係，投書干謁撫遠大將軍年羹堯，順利做上了年羹堯的臨時幕客。

為了討好年羹堯，汪景祺特著了《讀書堂西征隨筆》二卷獻年羹堯收藏。

汪景祺以為，抱上了年羹堯這條粗腿，自己是前途無限。

哪料，年羹堯居功自傲，雍正早就想殺之而後快了。

雍正三年（一七二四年）二月，天上出現「日月合璧，五星聯珠」的奇觀，臣僚紛紛上表稱賀。年羹堯也不例外，上了一道奏表。但他在盛讚皇上終日勤慎時，將成語「朝乾夕惕」寫成了「夕惕朝乾」。

其實「朝乾夕惕」是一個聯合式結構的詞語，這樣語序倒置後的意思並沒改變，如同把「天崩地裂」

寫成了「地裂天崩」一樣，表述的意思和效果並沒什麼不同。可雍正硬指年羹堯這是居功藐上，心懷不軌，炮製出了年羹堯共九十二條大罪，令年羹堯自裁，親族、同黨或斬首或流放或貶謫，且凡與年羹堯有交往的人統統受到處罰。

汪景祺於是倒血楣了。他那本為拍年羹堯馬屁的《西征隨筆》被繳進宮中，雍正一讀，批示云：「悖謬狂亂，至於此極！」喝令將汪景祺處斬、梟首示眾，其妻子兒女發配黑龍江給披甲人（滿洲軍士）為奴，其兄弟叔侄輩流放寧古塔，其疏遠親族凡在官的都革職，交原籍地方官管束。

乾隆當政，就迫不及待地命人取下汪景祺頭骨，「制竿掩埋」，那是在向天下士人釋放出這樣一個訊號：本朝要刷新前朝弊政，放寬對文化思想的禁錮。

天下文士因此奔相走告，盛讚乾隆是聖君、仁君，甚至編造出了相當肉麻的民謠：「乾隆寶，增壽考；乾隆錢，萬萬年。」

乾隆真是聖君、仁君嗎？

路遙知馬力，日久見人心。

乾隆十六年（一七五一年）七月初三，雲貴總督碩色給乾隆上了一份密奏，稱安順府提塘官吳士周於六月初八從入滇客商的身上查獲一紙抄錄傳播的密稟，裡面的內容荒誕不經，假託朝廷大臣名來指責朝政，還冒仿皇上的口氣寫上了朱批。

乾隆讀了，大為震怒。

再讀隨同密奏一同上呈的偽「密稟」，更是氣得三屍神暴跳，幾乎把案桌掀翻。

該「密稟」署名為本朝工部尚書孫嘉淦，基本把乾隆朝的重臣彈劾了個遍，包括乾隆最為心愛的大

學士鄂爾泰、張廷玉、徐本等等。但這不是重點。重點是裡面有大力抨擊乾隆本人主政的「五不解，十大過」，指責乾隆帝「失德」，南巡之舉勞民傷財，搞得天下積怨四起。

乾隆是古往今來自信心最為膨脹、最為自大的皇帝，誰指責他，那就是活膩了。

如果說乾隆真是聖君、仁君，那他的表現應該是不管偽稿上說的對不對，都應該先檢討自己身上存沒存在這些問題，有則改之、無則加勉。

可是乾隆根本不可能認為自己有什麼過錯，出現了這樣的妖言，那絕對是自己太過聖明、太過仁慈了。他決定繼承列祖列宗的嚴猛苛政，從嚴處理此事。

考慮到偽稿上那些惑眾的妖言會嚴重影響到了自己的光輝形象，乾隆不想搞得人盡皆知，在傳諭步軍統領舒赫德及直隸、河間、山東等省督撫嚴查此事時，特別交代：此事不過是一小撮害群之馬所為，不日便可翦滅，務須密之又密，不可稍有張揚洩露。

然而，不管怎麼機密，工部尚書孫嘉淦還是很快知道了此事，當場就被嚇得昏厥了過去。

對孫嘉淦而言，他被人冒托署名可不是第一次了。

早在乾隆四年，京師就散播著一份署著孫嘉淦大名的疏稿，內容就是論劾大學士鄂爾泰、張廷玉。

那一次，由於沒有出現指責乾隆的詞句，乾隆並沒有多過追究。

但，那一次，已經把孫嘉淦嚇得一佛升天、二佛出世了。

人們為什麼這麼喜歡冒托孫嘉淦的大名呢？

說起來，曾幾何時，孫嘉淦也是一名硬骨頭、鐵漢子。

孫嘉淦十七歲那年，堂兄無緣無故被人殺害。孫嘉淦的父親一怒之下，手刃兇手，從而吃了官司。

孫嘉淦救父心切，晝夜奔走了三百里，指稱兇手是自己所殺，願意替父親頂罪。縣令感動得一個勁地稱他「孝弟過人，知勇兼備」，寬大處理了此案，釋放了他們父子。

孫嘉淦在康熙五十二年考中進士、入了翰林院。那時候，正是雍正等一幫王子爭儲爭得最激烈的時候，彼此間有你無我、有我無你，手足相殘。

笑到最後的是雍正。

雍正即位後，變著花樣地從精神到肉體去折磨那些曾與自己作對的兄弟，稱他們是豬、是狗，罰他們去守陵。

鐵骨錚錚的孫嘉淦實在夠膽，他上疏要求雍正愛惜兄弟骨肉，為天下表率。

雍正為人雖然暴虐，但很多時候都表現得比乾隆「民主」上一點點，沒有馬上處死孫嘉淦，而是讓諸大臣來評理，說孫嘉淦是個瘋狗、狂徒，問眾臣，翰林院怎麼還能容得下這樣的瘋狗、狂徒呢？

也是孫嘉淦命不該絕，大學士朱軾也是個硬骨頭，佩服孫嘉淦的膽氣，回答說：「嘉淦誠狂，然臣服其膽。」

雍正愣了一愣，沉默了一會兒，竟然息卻雷霆之怒、罷去狼虎之威，輕輕一笑，道：「朕亦服其膽。」免去孫嘉淦一死，派他去國子監任司業。

雍正四年，官運亨通的孫嘉淦又由國子監司業升祭酒。

孫嘉淦有意提拔宋鎬、方從仁當教習。

雍正不同意，恃寵生嬌的孫嘉淦竟跟雍正耍橫。雍正被他氣得不行，將他打發到銀庫當差。

也在銀庫當差的日子，孫嘉淦的棱角被磨平了不少。

雍正到底覺得孫嘉淦沒有大錯，後來又將他從銀庫裡提出，派去河東鹽院當官。

乾隆登位，孫嘉淦應召上京，上了名動一時的「三習一弊疏」，希望皇上慎戒「喜諛而惡直」、「喜柔而惡剛」、「喜從而惡違」三習，以免形成「喜小人而厭君子」之弊。意見雖然尖銳，但語氣非常緩和、圓滑。外人不知，以為他仍是以前的「鐵骨」孫嘉淦，殊不知，這塊「鐵骨」已經開始氧化生銹了。

乾隆四年的那份偽稿已經把孫嘉淦嚇得半死，現在又來一次，孫嘉淦的三魂七魄已經有二魂六魄飄蕩地飄散到奈何橋邊了。

事實上，乾隆也知道這件事跟孫嘉淦無關，對他好言相慰，但孫嘉淦仍是戰戰兢兢、惶惶不可終日，最終被活活嚇死。

「鐵骨」孫嘉淦被嚇死的事，也就成為了大清朝歷史上的一則笑話。

還回到偵查偽稿之事上。乾隆原本以為，只要自己行動迅速，就可以將此事偷偷摸摸地消餌於無形之中。

但是，他錯了。

雲貴總督碩色的密奏只是開始，短短數天之後，直隸、四川、山東、湖北等省的官員紛紛發回發現偽稿的密奏。

搞笑的是，這些官員並不知道雲貴總督碩色已先他們一步將此事稟報了乾隆，還一個勁地醜表其功，聲稱是自己政治覺悟高，眼光獨到，有首發之功。

乾隆忍無可忍，怒斥貴州巡撫開泰不按自己的指示行動，對此案具奏遲緩，本來應該由驛遞星馳，卻循例由家人入奏，慢吞吞，如同龜速，大罵道：「獨何心耶！」

而直隸、四川、山東、湖北等省既然已經發現了偽稿，說明此事已經傳遍了大半個中國，已是隱無可隱、藏無可藏，白紙難包明火，乾隆索性撕開臉皮，大辦此事。

他看到山東按察使和其衷揭發說山東早在四月已經發現了偽稿，是巡撫准泰認為只是綠豆芝麻小的事，不值一提，制止了上奏。氣得凶性大發，立命戶部侍郎兆惠馳驛前往，將准泰鎖拿進京，改調河南巡撫鄂容安接替其職。

回頭又訓斥山西、湖南、浙江等地督撫思想上不夠重視，存在故意推諉、拖延的情況，導致偽稿風傳，他惡狠狠地警告說：「倘再不知激奮，則自取罪戾。」

乾隆一發怒，各省督撫全被動員起來了，盡心盡力緝查，誰也不敢怠慢。

九到十二月之間，各省各縣紛紛飛報查出偽稿傳抄的情況：不但浙江、湖南等省有傳閱偽稿現象，邊遠省分如甘肅，甚至西南的土司境內也有傳抄的。

乾隆越看越心驚，越看越發怒，狂嚎道：「這種逆惡之詞竟然蔓延各省，還傳入了土司境內，流傳之廣，一至於此！」

到了年底，各省查拿人犯高達兩千多人，其中四川一省就捕獲了二百八十餘人。

可是，這些涉嫌者不是互相指責攻訐，就是將責任推向已經死去的死人身上，根本找不到案發源頭。

乾隆不甘心，聲嘶力竭地發誓說掘地三尺也要將此案追查到底。

因為事涉封疆大吏的性命及烏紗帽，一些朝臣有心勸諫乾隆算了。

御史書成弱弱地奏稱：偽稿一案株連太廣，懇請將現在人犯概行寬釋。

乾隆帝彷彿一枚被點燃了的炮仗，瞬間爆炸，喝令將之革職。

然而，乾隆的固執並未收到成效。

追查來追查去，到頭來，全國勞師動眾，白白耗費無數人力財力，捉進監獄的人犯越來越多，卻始終挖不出源頭。

乾隆有些洩氣了，卻窘於自己曾經的誓言，下不來台，只好強撐，嚴令追查下去。

最後，是江西巡撫鄂容安幫乾隆解除了困境，聲稱自己所查獲傳抄偽稿的長淮千總盧魯生，已經供出源頭就是南昌守備劉時達、劉守朴父子。

乾隆長舒了一口氣，命人將盧魯生、劉時達父子押到北京，準備結案。

可是，一個名叫孔則明的人壞了乾隆的計畫。

孔則明是劉守朴的幕友，他供稱，封寄偽稿給劉時達係其代為經手，源頭並不在劉時達處，劉時達所得偽稿來自蘇州。

這樣一來，案子結不了了。

乾隆對這個孔則明恨得要死，但只好咬咬牙，查，繼續往下查！

又查了好幾個月，偽稿的源頭還是查無可查，漫無頭緒。

乾隆實在累得不行，最後不得不授意軍機大臣，讓孔則明翻供，說自己代書寄稿之事全屬編造，偽稿的源頭，就出自劉時達。

在乾隆的操作下，一場聲勢浩大的「偽稿案」就這樣灰溜溜地收場了。

乾隆十八年（一七五三年）二月，乾隆宣佈，偽稿一案已全行昭著，「主犯」盧魯生押赴市曹凌遲處死，劉時達等人俱定秋後斬決，親屬照律緣坐。

隨後又宣諭中外，偽稿所有傳抄各犯俱加恩寬免；對於傳抄偽稿的官員，則照例治罪。那些審理不力的官員如江西巡撫鄂昌、按察使丁廷讓、南昌知府戚振鷺等革職拿問，交刑部治罪。兩江總督尹繼善、閩浙總督喀爾吉善以失察罪交刑部嚴議。

這樣，歷時一年七個月，蔓延京師、山東、山西、江西、江蘇、安徽、浙江、福建、湖南、湖北、貴州、廣東、廣西以及邊遠土司等地區的、轟動全國的清查偽孫嘉淦奏稿案終於劃上了句號。

聖明天子乾隆爺的廣開言路措施

與雍正繼位時謠言四起、風雨滿城的境況不同，乾隆皇帝的繼位是妥妥的，基本聽不到滿洲貴族內部任何持異議的聲音。

初登大寶的乾隆帝以儒家正統擁躉自許，雄心勃勃地要成為遠邁堯舜的聖明之君，他大興改革，立志要一改前朝弊政。

雍正朝的最大舉措就是反腐懲貪，整肅官場，鉗制言官，製造了三十多件文字獄案。

乾隆帝先從「廣開言路」一處著手，聲稱先帝時朝內貪腐太重，實施高壓政策純屬不得已而為之，現在情形已經變好，希望包括督撫在內的各級官僚都踴躍上摺子奏事，暢所欲言。

乾隆帝雖然已經發話，但經過雍正長達十三年的嚴酷打壓，沒有人敢做出頭鳥，滿朝一片沉默。

乾隆帝有些抑鬱氣悶，一再下旨，懇切求言。

這種情況下，言官只好發聲，但所上的無非都是些報告各種祥瑞、各地貢物之類的摺子。

乾隆帝大為不滿，埋怨官員們在跟自己打太極，言不由衷。

他明確指出，自己需要的是對施政治國有幫助的批評和建議。

接下來，批評和建議來是來了，可都是千篇一律的批評皇帝工作太投入、工作太忘我，不知愛惜身體，這不是天下之福，建議皇帝要注意勞逸結合，保重龍體，說皇帝的龍體安康才是天下興旺的根本。

乾隆帝苦笑地搖了搖頭。這，絕不是乾隆帝所想要的儒家思想下的君臣治理形態。

為了消除官員的疑慮，乾隆帝不得不發佈諭令，明確宣佈要修正父道，走開明寬鬆的平康正直之路。

原浙江道監察御史謝濟世在雍正四年參奏山西巡撫田文鏡貪贓枉法事被雍正帝發配到新疆，讀了乾隆帝的諭旨，自認為惴度到了聖意，大膽上書。他提出，如果皇上要聽真話，必先禁止臣子私下告密，公開大臣的奏章，給都察院御史、六科給事中真正的監察權；另外，要寬恕講錯話的言官，搞文字獄那一套堅決不能要。

謝濟世自己被別人告密，慘遭發配。到了新疆，閒極無事，為《四書》做注釋，又被陷入文字獄中，差點掉了腦袋。

所以，他從自己的不幸遭遇出發，大膽上書，投石問路。

求言心切的乾隆帝對謝濟世的奏摺給予了積極的回應：將之召回，任江南道監察御史。

都察院御史與六科給事中負有言事、建議、檢舉專責，在此背景下，連續上了幾道奏疏，所議論的開荒、虛報、重稅等等問題都是前朝雍正的政策。

乾隆帝看了並不以為忤，一一嘉許深納。

其中，工科給事中曹一士所上的摺子更是大斥文字獄，說康熙、雍正兩朝的文字獄嚴重地敗壞了社會風氣，在社會上產生了極其惡劣的不良影響，民間「挾睚眥之怨，借影響之詞，攻訐詩文，指摘字句」，

官府也「見事風生」，株連萬端，造成了萬馬齊喑的悲哀局面。

曹一士還特別舉例說文人汪景祺僅僅因為粗心大意漏寫了皇上紀年，就招致殺身大禍，這讓政府形象在民眾心裡一落千丈。

乾隆帝頷首稱是，命人取下掛在菜市口被風吹雨淋了十幾年的汪景祺頭顱，下諭旨禁止誣告他人，稱自己「絕不以語言文字罪人」。

新皇帝這樣通情達理，而且聲明以後不會再搞文字獄，舉朝加額相慶。

看得出，言官的春天就要來了。

於是，許許多多針對政務建設的奏摺就如雨後春筍一般冒了出來。

不過，新皇帝剛剛上臺，可供批評和規諫的東西一時還找不到，大家檢舉和批評的都是前朝的政務。

對這於批評，乾隆全部笑納，並繼續下諭旨求言。

真是個聖明天子！

真是新朝氣象大不同！

四川巡撫王士俊大受鼓舞，上了一道猛料：《密陳四事折》。

這個王士俊是康熙六十年進士，雍正朝的能臣，很得雍正寵信。饒是這樣，雍正對他也不放心。有一個故事說，王士俊離京到河東赴任，大學士張廷玉特別薦一個男僕隨行。該男僕在王士俊府上辦事實在，人也很勤快、謹慎。然而，在王士俊即將任滿回京時，他提前向王士俊辭別。王士俊很是驚奇，挽留他。他卻說：我本是宮中侍衛，奉皇帝命令隨你赴任，實為監督。這一連幾年，你也沒什麼大錯，我就先行回京覆命了，特來辭行。此事給王士俊留下了後遺症，「股栗者累日」，心理陰影面積巨大。

王士俊的《密陳四事折》很有趣，當然，主要還是乾隆的朱批有趣。奏疏第一句，王士俊例行公事地拍了一句乾隆的馬屁，說：「竊臣讀虞書，上有堯舜之君，下有皐夔之臣，亦即萬邦協和，四方風動矣。」

說者無意，讀者有心。乾隆在「上有堯舜之君」一句旁邊故作謙虛地提朱批：「朕不敢自居」；卻在緊接著的「下有皐夔之臣」旁提朱批：「汝亦其人」。這，分明就是君臣間的互相吹捧。

更加有趣的是，王士俊在疏中提到，現在的官員上書反對雍正政策，這其實就是一種翻案行為。這一句話，陡然惹毛了乾隆。好你個王士俊，你罵官員翻案豈不就是在罵朕翻案?!真是反了你了！惱羞成怒的乾隆再也顧不上上面那「汝亦其人」的朱批了，憤然提朱批罵道：「若此居心巧詐，藉直言之名而巧中己之欲，朕斷不容也。」

閱完奏疏，乾隆在發給總理事務王大臣的上諭中說：「昨王士俊密奏一摺，朕洞見其巧詐居心，背理害道，沽直言之名以自遂其私。披覽之下，不勝痛恨。」

最終，乾隆對於王士俊的處理結果是：「奸惡暴著，國法不可暫弛。請將王士俊拏解來京，交法司嚴審定擬，明正其罪。」

嗚呼，王士俊作為一代能臣、一省大吏，竟然因為一道奏疏而鋃鐺入獄，被判了個死緩！

遺憾的是，御史薛韞並沒嗅出其中危險的意味，上了一道跟乾隆生活作風有關的摺子，說史官記錄皇帝言行的起居注，皇帝不應該干涉，不應該索看。

這讓乾隆老大不高興。

薛韞還說司法部門每次辦理皇帝特意交代的案子往往不按法律條文而按皇帝的臉色來辦。

真是狗膽包天！

乾隆一口火氣沒壓住，命人將薛韞移交吏部「察議」。

此前得到嘉賞的謝濟世似乎還沒從高興勁中醒來，他還在為乾隆的「廣開言路」喝彩。他再上了一道奏疏，批評說皇帝雖然鼓勵臣下進言，但對言官的進言還停留在形式上，根本沒有執行，很多事說了跟沒說一樣，這不行。

不用說，乾隆讀了這道奏疏很生氣，後果嘛——乾隆考慮到謝濟世剛剛從新疆提拔回來，如果一下子打倒，那跟自己打自己嘴巴有什麼區別？於是忍了。

但乾隆還是在發給總理事務王大臣的上諭中臭罵了謝濟世一頓，說謝濟世「昏愚無知」，「居心之陰巧」，實在是「國家之大蠹」。

一年後，乾隆另外找了個藉口將謝濟世外放至湖南督糧道任職，而謝濟世在翻刻《四書》注時也遭到了乾隆的查禁。《謝濟世著書》案因此成了乾隆朝文字獄檔案中的第一案。

也就是說，乾隆所謂的「廣開言路」其實是只是為了博取名聲，言官批評指正任何事物、包括他父親雍正的不是，他都可以接受，但絕對不能批評到與他有關的任何事物，「聞過則喜」、「躬身自省」之類的鬼話統統拉倒。

也由此可見，乾隆和他的父親雍正、祖父康熙在本質上並沒什麼兩樣，誰敢批龍鱗，誰敢逆聖聽，下場一定很難看。

而此後乾隆所興起的文字獄高達一三〇多件，遠勝乃父、乃祖，成為了中國古代文禍的空前高峰，也是最後一個高峰。

風流天子乾隆帝風光南巡中的血腥屠殺

乾隆向以「千古一帝」自許，晚年更是自稱有「十全武功」，自詡為「十全老人」，命人作《御制十全記》，分別用滿、漢、蒙、藏四種文體建碑勒文。

十全武功，也是乾隆經常掛在嘴上的「西師」，主要指兩次平定準噶爾之役、平定大小和卓之亂、兩次金川之役等等。

與「西師」相照應，乾隆還有一個頗堪矜誇的「南巡」。

七十五歲那年，乾隆在《御制南巡記》中沾沾自喜地說：「予臨御五十年，凡舉二大事，一曰西師，二曰南巡。」

可見，「南巡」也是乾隆生平最重要事功之一。

乾隆南巡的最大目的就是為了享樂。

江南經濟繁華，物產豐盈，人口稠密，盛產美女，乾隆心中一直嚮往著。

據《清史紀事本末》中記，乾隆即位不久，便迫不及待地想大舉南巡。

說起來，乾隆的偶像——他的爺爺康熙，當年也屢屢南巡。

康熙南巡主要是為了視察水利。乾隆因此就說：「南巡之事，莫大於河工。」打出了視察水利的旗號，並派大學士訥親前去江南查看道路。

訥親對此極不以為然，以江南各項水利工程正常、良好為由，勸阻住了乾隆的南巡。

乾隆雖然很不高興，但鑒於自己剛剛上臺，帝位尚未捂熱，也只好暫時打消了南巡的念頭。

乾隆十四年，江南地方官吏把準了乾隆熱衷南巡的脈，便投其所好，大力上奏請乾隆南巡浙江。乾隆喜不自勝，立刻發佈諭旨，說江浙官員代表軍民紳衿恭請皇上臨幸，實在是盛情難卻。另外又說大學士、九卿都要求援據經史及聖祖南巡的先例，必須允其所請。宣佈兩年後舉行南巡，要江南各級官吏提前做好迎駕準備。

乾隆十六年（一七五一年），第一次南巡轟轟烈烈地開幕了。

乾隆對自己此行開出了冠冕堂皇的理由：江浙地廣人稠，朕必須前去考察民情戎政，問民疾苦。因此，他裝模作樣地到洪澤湖「視察」水利工程，讓人在高家堰與蔣家壩之間的黃河大堤三座大壩上再增加兩座壩，分別被命名為「仁」、「義」、「智」、「禮」、「信」大壩，算是做了一件民生工程。

水利工程只是一個幌子，真正的目的就是飽覽山川美景。

關於這個，乾隆也有非常合理的解釋：「恭奉母后，遊覽名勝，以盡孝心」。

康熙當年南巡的目的主要是治河，每次南巡都是循河南遊，一邊治澇一邊慰勞役夫、一邊賑濟百姓廣布皇恩。其中的第一次南巡，康熙曾晝夜行船三百六十餘裡，沿路上沒有任何停留，衣食行住都極為簡樸。

乾隆的南巡要比爺爺康熙排場闊氣多了，從北京到杭州，沿途建造了三十個行宮，南巡船隊的船有一千多艘，沿路上吃的、用的，就連喝的水，都由沿途各地官員竭誠備足。

乾隆還攜帶大批畫師隨行，將自己喜愛的江南景色摹繪成圖，以便日後在圓明園和承德避暑山莊仿建。

乾隆晚年曾有作有「六度南巡止，他年夢寐遊」的詩句，可知，乾隆南巡絕不是因公出差，而是純粹的公費旅遊，可謂悠哉遊哉，其樂融融，他年憶起，猶如夢中，愜意無限。

這一次南巡用時大約十個月，乾隆並未盡興，但由於白蓮教亂起及準噶爾又顯叛亂之象，不得不悻悻

提前結束。

乾隆二十二年（一七五七年）準噶爾之亂被澈底平定，乾隆玩心又起，這年正月，第二次南巡。可是，乾隆乘興而來，才到江蘇徐州，就被已致仕的前布政使、河南夏邑籍官員彭家屏兜頭潑了一瓢冷水，好不氣惱。

彭家屏，河南歸德府夏邑縣人，康熙六十年（一七二一年）進士，授刑部主事，因善於處理繁難事務，政聲日隆，逐漸升遷，任布政使達十四年之久。任上，很是為地方上辦了一些好事。如在江西任上曾主持修理南昌市內道路，開辦粥廠放賑，打擊危害地方的黑惡勢力，增建南昌高觀樓、百花州；重修滕王閣；擴修火巷，提高民眾安全意識等等。

就是這位將民間疾苦放在心上的官員，乾隆卻對之並無好感。

究其原因，彭家屏屬雍正舊臣李衛一黨，而李衛與鄂爾泰不和，鄂爾泰卻是乾隆的寵臣。彭家屏經常跟著李衛參劾鄂爾泰、鄂容安父子，乾隆當然不會高興。

乾隆不想看到彭家屏參劾鄂爾泰父子，卻想看到鄂爾泰父子參劾彭家屏。

乾隆十六年（一七五一年），身為河南巡撫的鄂容安就秉承主意，奏報彭家屏家抗糧不交，乾隆據此指示嚴加懲處，要求把彭家屏交吏部嚴議，彭家交清所有積欠並追加十倍處罰。

雖然彭家很快將罰款繳清，彭家屏也得以留任，但乾隆對彭家屏已是不勝厭惡。

乾隆二十年，兩江總督尹繼善以彭家屏年老不能勝任工作，請求勒令其退休，乾隆正中下懷，發上諭中指責彭家屏「心懷怏怏，不肯努力」。

這種情況下，彭家屏只好悻悻提前致仕，申請退休。

現在，乾隆南巡，每到一地，除了有當地官員熱情周密的奉駕外，當地有名望的鄉紳也前來迎駕，以顯示皇上關心民間疾苦、考察到位。

別的鄉紳，在官員的特別關照下，都相當會做人——報喜不報憂，專揀好聽的報給乾隆，什麼祥瑞、異兆逗得乾隆心花直開，一張嘴笑得快要裂到後腦勺了。

但到了徐州，這個不招乾隆侍見的彭家屏卻誠心噁心乾隆似的，說，去年，河南的夏邑、永城、虞城、商丘四縣遭受嚴重水災，河南巡撫圖勒炳阿卻隱瞞災情不報，四縣百姓沒有得到任何賑濟，生活困苦，水深火熱。

乾隆的臉一下子就黑了。

實際上，在乾隆二十一年（一七五六年）的夏秋之交，河南、山東、江蘇三省交界地區的確是出現了歷史罕見的特大暴雨，這場暴雨還持續了一個多月。乾隆就是以愛民如子的形象風火展開了這次南巡之行的。沿路，他雖然著重於欣賞春日景色，卻也不斷下詔促令當地官員妥善做好災民的安撫賑濟工作，確保社會穩定。官員們的保密工作做得相當好，不但從口頭上盡力淡化掉了這場洪澇災害所造成的惡果，他們所設計出來的乾隆的遊歷路線也全都巧妙地回避開了重災區，讓乾隆有限的目光所及，全都是一片繁榮昌盛、和諧團結的場景。

這個不識時務的彭家屏一下子捅破了真相，乾隆老大不高興，當即召來圖勒炳阿詢問夏邑等地的災情。用腳趾頭都可以想得到，圖勒炳阿肯定不會承認有什麼重大災情，他說，雖然去年雨水較多，但夏邑等地的莊稼仍有七八成的收成，按規定，只有減產五〇%才給予賑濟，像夏邑這樣的小災，縣衙開倉放糧即可，不需賑濟。

聽完圖勒炳阿的彙報，乾隆滿意地笑了，不痛不癢地交代圖勒炳阿務必對四縣給予一個月的賑濟。

然後，乾隆狠狠地剜了彭家屏一眼，那目光裡分明在表達：你再這樣危言聳聽，看我不弄死你！

圖勒炳阿的瞞報事件就這樣被乾隆輕描淡寫地抹去了。

在繁花似錦的江南風流浪蕩了幾個月後，乾隆的車駕返程，再度進入山東。

四月初七日，有兩個自稱是夏邑縣的災民攔駕告發夏邑縣令克扣賑災錢糧。

民告官，那是乾隆最不想看到的事。

試想想，民是子，官是父，民告官，即是子告父，那簡直是大逆不道！

面對這兩個狀告父母官的刁民，乾隆沒有好聲氣，但也不能置之不理，隨手將之打發給圖勒炳阿審理，同時下令隨行的步軍統領衙門員外郎觀音保祕密查訪。

但事情僅僅是開始。

一天之後，又有一個自稱是夏邑縣的災民攔駕告狀，同樣控告夏邑縣令侵吞錢糧。

煩不煩呀?!就為這樣一件小事，一天到晚來煩朕，還讓不讓朕安生了?!

這回，乾隆留心記下了這個刁民的名字——劉元德。

兩起上訪者都是夏邑人，又都控告縣令賑災不力，一般人肯定會引起重視，從而認定夏邑縣令侵吞錢糧之事的真實性是八九不離十，應該著重辦理了。

但乾隆的邏輯不是一般人的邏輯。

乾隆認為，這件事必定是假的。

因為，乾隆覺得沒有理由出現兩起上訪者都是夏邑人，而且都是控告縣令賑災不力，這，這太一致

了，不可能是巧合，這肯定是一次有預謀、有組織的活動，一定有人幕後指使。

乾隆既然是這樣想的，那麼，他就不再理會「夏邑縣令賑災不力」之事了，而把工作的核心轉入如何揪出這個幕後指使人上。

這個幕後指使人居心叵測，可惡可恨，其目的分明就是利用百姓扳倒政敵，這絕不是官與民的糾紛，而是官員的派系之爭！

乾隆根據自己的天才式的推理，很快推理出了這個幕後指使者——即正月向自己揭發河南巡撫圖勒炳阿隱瞞災情不報的退休官員彭家屏！

這樣，彭家屏的死亡時間就此進入了倒計時。

乾隆詔令圖勒炳阿嚴審劉元德，從速揪出主使者彭家屏。

應該說，乾隆的猜想還是對的，這的確是一次有預謀、有組織的活動。但是，劉元德的供認卻不能讓乾隆滿意，劉元德所供出的幕後指使人是夏邑縣的生員段昌緒而不是乾隆的假想敵彭家屏。

乾隆急了，命圖勒炳阿順藤摸瓜，審訊段昌緒，務必通過段昌緒揪出彭家屏。

然而，四月十八日，當車駕抵達德州時，微服查訪的觀音保回來了。觀音保陳奏說夏邑等四縣已經連續四年收成不好，去年水災尤重，百姓度日艱難，苦不堪言，很多人賣妻鬻子。

為了證明自己所陳是實，觀音保說他還花四五百文錢買了兩個孩子。然後將賣身契呈上給乾隆檢驗。

這一調查結果讓乾隆措手不及！

原來，彭家屏在正月的舉報是實，圖勒炳阿欺上瞞下，罪實難恕！

乾隆氣得渾身發抖、眼珠子翻白，一下子失去了理智，立刻降下諭旨：將圖勒炳阿和夏邑、永城兩縣

縣令革職！

圖勒炳阿是被處理了，但還是要懲處一下彭家屏的。

乾隆當天又嚴厲斥責了彭家屏，告誡他日後不得以鄉紳身分干預公務。

另外，乾隆又下令嚴辦劉元德、段昌緒等相關攔駕人員。

乾隆連燒了這幾把火後，腦袋漸漸地冷靜了下來。

晚上，乾隆開始意識到了自己的錯誤：自己一怒之下就懲處了圖勒炳阿等官員，這豈不是無形中鼓勵了老百姓的攔駕告狀行為？民告官、子告父，綱紀就要顛倒了，這，怎麼行?!

衝動了，太衝動了。

不得已，乾隆朝令夕改，發出了一道聖旨，收回之前的成命：不必革巡撫圖勒炳阿和夏邑、永城兩縣縣令之職，仍留原任。並強調，如果日後有人越級告狀，挾制官長，一律嚴懲不貸。

撤職的命令剛發出，留職的命令又接踵而來，對圖勒炳阿而言，根本就沒造成任何影響。而就在這一撤職、留職兩道命令下達期間，圖勒炳阿奉乾隆之命傳訊了段昌緒，但段昌緒居然是一尊請不動的大佛，始終不肯露面。

圖勒炳阿大怒，命夏邑縣令前往段家拘拿段昌緒。

夏邑縣令的烏紗帽一摘一戴，吃驚不小，辦事格外賣力，不但將段昌緒全須全尾捉拿歸案，還將段家抄了個底朝天，他在段昌緒的書房裡抄出了一份當年吳三桂反清檄文的抄本！

這意外收穫讓夏邑縣令喜不自勝，屁顛屁顛回來邀功請賞。

果然，夏邑縣令和圖勒炳阿都因此得到了乾隆的嘉賞。

讀著吳三桂的反清檄文，乾隆腦洞大開，他想，攔駕告狀事件既不是官民之間的矛盾，也不是官官之間的矛盾，而是政府與人民之間的矛盾了。這分明是別有用心的人在利用一切機會煽動內亂，激起民眾的反清情緒，此事必須從嚴、從速、從重辦理！

乾隆發上諭說：「段昌緒家現有此書，傳鈔何自？此外必尚有收存，即彭家屏恐亦不能保其必無。即應委一大員前往伊家嚴行詳查。並著方觀承前往會同圖勒炳阿查辦。」

於是，直隸總督方承觀趕赴河南，會同圖勒炳阿徹查段昌緒「偽檄」一案，並負責搜查彭家屏家藏匿的「偽檄」。

就在方觀承等搜查彭家時，乾隆令彭家屏隨駕赴京，聽候審訊。

彭家屏嚇得一佛出世、二佛升天，屎尿並滾。還沒到京城，就痛痛快快地承認了自己家中藏有《潞河紀聞》、《豫變紀略》、《日本乞師記》、《酌忠志》、《南遷錄》等幾部明末野史，不過，他說，書雖然在家，可自己從來沒翻閱過。至於吳三桂的檄文，更是從沒見過。

其實，明末的這幾部野史都是記載明朝天啟、崇禎年間政事的，民間流傳還是很廣的。

乾隆不管，立刻諭令侍衛三泰前往查取，並將彭家屏下獄，稱查明之後必依律嚴懲。

方觀承等人那邊發回的報告是：段昌緒的逆檄並不是從彭家屏那邊抄來的，而是抄自一個叫司存存的人，司存存則抄自司淑信，司淑信則抄自當地士紳郭芳尋，而郭芳尋已死，此外並無傳抄之人。至於彭家的野史，彭家屏的兒子彭傳笏供稱，聽到段昌緒偽檄之事後，就趕緊查閱家中書籍，見有明末鈔本等書，恐有違礙，沒來得及檢閱便概行燒毀。而這些書其實是來自徐乾學家。

徐乾學是康熙朝大學士，深得康熙帝喜愛，長期侍從南書房。

對此，乾隆不便再深究下去，遂將所有罪責都歸於彭家屏父子和段昌緒等人身上。六月六日，軍機大臣、九卿、科道經過會審，作出判決：彭家屏父子被判斬監候，秋後處決，家產入官。段昌緒斬立決。

畢竟彭家屏曾讓圖勒炳阿虛驚一場，圖勒炳阿必欲置彭家屏於死地而後快，再次搜查彭家，從彭家搜出一本族譜，上署「大彭統紀」，且將彭氏一姓追溯到黃帝、顓頊時期，「甚屬狂妄」，於是飛報乾隆。

乾隆勃然大怒，大罵彭家屏身為臣庶，卻「自居帝王苗裔」，又指責譜中萬曆年號「曆」字不避諱乾隆帝名弘曆的名字，「足見目無君上，為人類中所不容」，等不及秋後問斬，直接賜令彭家屏自盡。

至此，這場本應是風光旖旎的南巡之遊終於在血腥屠殺中降下了帷幕。

乾隆禪讓的故事

有一則非常流行的段子，說，有記者問老農：「如果你有一百畝地，你可以捐出來嗎？」老農毫不猶豫地答：「可以！」又問：「如果你有一百萬，你願意捐出嗎？」老農斬釘截鐵地說：「我願意！」「好，我再問你，如果你有一頭牛，你願意捐出來嗎？」老農搖了搖頭，說：「哦，那可不行！」記者疑惑了，說：「你一百畝地、一百萬都願意捐，為什麼卻捨不得一頭牛呢？」老農特真誠地答：「因為我真的有一頭牛。」

這個段子告訴我們，凡是屬於奢想的東西，我們都會特別慷慨。

這種心理，恐怕皇帝也不例外。

話說，乾隆皇帝剛剛即位那會兒，曾焚香禱告、對天起誓，稱：「若蒙眷佑，得在位六十年，即當傳

位嗣子，不敢上同皇祖紀元六十一載之數。」

這話是啥意思呢？

乾隆皇帝的爺爺康熙帝統治國家六十一年，開創了封建帝王在位時間最長記錄。乾隆皇帝新君即位，為了表達自己對爺爺治國的敬仰和嚮往，偷偷發了這麼一條誓言：如果我得到上天眷愛，長命百歲，我最多也只做六十年皇帝，絕不會超越爺爺的六十一年的紀錄！

在乾隆看來，他這個願望是奢望了。

為什麼這麼說呢？

因為，愛新覺羅家族裡似乎缺乏長壽基因：清太祖努爾哈赤享年不過六十七歲、清太宗皇太極五十一歲離世、清世祖順治皇帝二十三歲殞命、清世宗雍正五十七歲暴死。乾隆皇帝的人生偶像清聖祖康熙是清初幾代帝王中最長壽的，也不過才六十九歲！

康熙皇帝能坐帝位六十一年，那是他起步早，八歲就登上了大寶。

相比之下，乾隆即位這年，已經老大不小了——二十五歲。乾隆要穩坐帝位六〇年，那年齡得在八十五歲以上了，您說，這是不是奢想呢？

不過，老天似乎是同意了乾隆皇帝的禱求，或者是有意考驗他的誠信，乾隆自當上了皇帝後，一路順順當當、沒病沒災，一晃眼五十多年過去了，六十年的期限就要到了。

按說，從前的奢想已經實現，應該滿足而開心才對，可乾隆卻懊悔無窮，叫苦不迭。

想想看，文章開頭段子裡的老農，他是沒有一百萬，真有了一百萬，要他捐出來，只怕比登天還難。

皇位那可是富有四海的象徵啊，哪有那麼傻的人肯讓出來的呀，即使是自己的兒子也不行哇！乾隆以

前，中國歷史上還是有好幾個太上皇的，唐高祖、唐明皇、宋高宗、宗孝宗等等，但退位都是迫不得已啊。

乾隆想不退位，又擔心違背了誓言會遭到天譴，為了這個，真是悔得腸子都青了。

當然，硬著頭皮和老天對著幹的事兒乾隆也不是沒有想，可在乾隆四十三年他又幹了一件傻事，就是這件傻事，讓死愛面子的他幾乎沒有迴旋的空間了。

因為，乾隆元年乾隆焚香禱告、對天起誓在這個時候算得上是陳穀爛芝麻的事兒了，也就是乾隆本人自己牢記在心、耿耿於懷，別人未見得都記得住。再者說，這種事，屬於個人隱私，也只有天知道，旁人哪能得知呢？就算得知，也未必活有乾隆這麼長壽。

所以說，只要乾隆能昧著良心，裝作自己根本已經忘記了這件事，既不會、也不可能有人會對他說三道四的。

壞就壞在乾隆四十三年那年，乾隆到瀋陽祭祖，有一個名叫金從善的秀才上了一個請願書，請求他立太子、立皇后。

金從善居然理直氣壯地質問皇帝：「大清不宜立太子，豈以不正之運自待耶？」

這句話翻譯為現代文，就是「大清如果不早立太子，那就是不把自己當成合法政府對待了」。

乾隆快七十歲的人了，火氣還那麼大，一口氣沒按住，當場就咆哮了，誰說我不立太子？我在五年前就立了太子了！告訴你，我並不貪戀皇位，我在元年就發誓，活到乾隆六十年就自動退位，傳位太子。

乾隆殺了金從善，又詔告天下，稱：「昔皇祖御政六十一年，予不敢相比。若邀穹蒼眷佑，至乾隆六十年，予壽八十有五，即當傳位太子，歸政退閒。」

這麼一來，是，口無遮攔的乾隆痛快是痛快了，卻也把屬於自己的個人私秘隱事搞得人盡皆知了。

但話又說回來，乾隆四十三年，離乾隆六十年不還有十七年時間嗎，還早著呢。

可是，時間的車輪飛快，轉眼間，乾隆六十年說來就來了。

乾隆寢食難安，吃不好，睡不好，陷入深深的苦惱之中。

他留戀權杖，但又害怕遭到天譴，害怕天下民眾指責他是個言而無信的小人。

他的思想整日整日的激烈交戰，每天眼珠子都佈滿了血絲。

多少個深夜，他下定決心要踐行諾言、按時傳位，但早上醒來，他還是義無反顧地搖了搖頭，否定了夜裡的決定。

在乾隆五十九年，乾隆拿定了主意：讓誓言、民眾的議論統統見鬼，狠下心把皇帝做到底，不到閉眼前一刻絕不退位。

可是，上天彷彿是要給他警告——乾隆六十年的正月初一就發生了日食。

心裡有鬼的乾隆被嚇得老臉發綠。

那天，他在給皇子皇孫發紅包時故意漏掉了十五子永琰，意味深長地對永琰說了句：「你要銀子有什麼用？」——你就當皇帝了，還要銀子幹什麼？

這就算是給上天的答覆：乾隆六十年，按時傳位。

乾隆六十年（一七九五年）九月初三，乾隆在圓明園勤政殿當眾開啟了密封二十二年的鐍匣，取出發黃的上諭，正式宣佈永琰為皇太子，改名顒琰，命他即日移居紫禁城內毓慶宮。

隨後宣佈以明年為嘉慶元年，正月初一舉行傳位大典。

不過，乾隆補充說，自己退位稱太上皇帝，仍自稱「朕」，太上皇諭旨稱為「敕旨」；明年改元後全

國統一使用嘉慶新曆，但宮廷中還是用乾隆年號。

稱「朕」、稱「敕旨」、使用乾隆年號還都是些虛的東西，乾隆卻明確提到了一個實質性的問題：「凡遇軍國大事和用人事宜，朕決不會置之不問，仍要親自處理。」

也就是說，重要軍國大事以及官員任免，還是得由太上皇來處理，由太上皇說了算。

乾隆還說，他退位後還要繼續住在養心殿，不能搬，搬了會失眠。

養心殿在軍機處北面，是雍正和乾隆兩朝皇帝處理國家重大事務、皇帝日常起居之所，是整個清朝的政治中樞。您說您連養心殿都不肯搬出，算哪門子退位?!

顒琰算是看透了老爺子的心思，趕緊出來說自己還年輕，不急；而且要學的知識還很多，要接就接受太子的地位，決不接受明年改元歸政的安排，父親大人，還是勞煩您把皇帝當到底，如果您執意要歸政，那也得等到了一百歲再說。

這，絕不是顒琰真心話。

這一年，顒琰已經三十六歲了，等乾隆一百歲，他也該五十歲出頭了。

但，此情此景，他不出來表個態說不過去。

群臣也就一擁而上，紛紛上書拍馬屁，要乾隆繼續主政、君臨天下，什麼事都等到了一百歲再說。

活一百歲，也真甭說，乾隆還是有相當信心的。

事實上，到嘉慶三年（西元一七九八年），乾隆還寫了一首詩，稱「一身親七代，百歲待旬年」，對活一百歲充滿了期待。

現在，事情已經到了這一步，那是開弓沒有回頭箭，他寬厚地笑了笑，說天子無戲言的，絕不容許

「焚香告天之語轉為不誠」的事情發生，至於顒琰說年紀太輕、知識不夠，那自己退位後「仍當躬親指教」，只要新皇帝「朝夕敬聆訓諭」，國家政事，那不會有任何問題的。

完了，這麼一弄，顒琰充其量只能是一名每天都要接受太上皇「訓諭」的「實習皇帝」了。

嘉慶元年（一七九六年）正月初一日，八十六歲的乾隆履行了自己的許諾，當著文武百官和暹羅、安南、朝鮮等屬國使臣的面，莊重而嚴肅地頒佈了《傳位詔書》。

有一件事，中國史料雖然沒有記載，但現場的朝鮮使者卻詳細地記下了，收錄到了《朝鮮李朝實錄》，說，頒佈了《傳位詔書》後，接下來，該把象徵帝王的玉璽授給顒琰了，但乾隆心如刀割，捨不得，推說國家大事不是還得我來辦了嗎？就放在我這兒得了。他這一說，立刻把所有人都急壞了，不交玉璽，哪還說什麼「傳位」？大臣的據理力爭，要麼停止「歸政大典」，要麼交出玉璽。僵持了大半日，乾隆最終悻悻交出了伴隨自己六十年的玉璽。

玉璽雖然交出，這之後，乾隆還是該幹嘛就幹嘛，沒有半點退休的樣子，每天堅持上朝，和顒琰一起都接受百官朝拜，讓顒琰坐在自己身旁做實習生，看自己發號施令，看自己行使國家權力。

這樣的訓政日子過了三年又三天，嘉慶四年（一七九九年）正月初三，乾隆咽氣去世，嘉慶這才開始親政。

乾隆皇帝失敗的選嫡之路

說起乾隆爺，那絕對是一個很有意思的皇帝。

乾隆爺飽讀詩書，自視極高，以儒家正統擁躉自許，不怎麼把自己那幾位從關外遷入關內的祖宗皇帝

放在眼裡，唯有爺爺康熙帝例外。

乾隆爺在世的日子不過三萬多天，寫下的詩作卻高達四萬多首，單憑這一點，他就可以傲視群雄。這就無怪他瞧不起來自關外寒苦之地、沒讀多少書的老祖宗了。他尊敬爺爺康熙帝，除了康熙帝漢化程度很深、治國有兩把刷子外，更多的是爺爺很愛、很寵他。有一種說法，爺爺康熙帝把帝位傳給乾隆爺的父親雍正帝，主要是寵愛他這個孫子，希望這個孫子以後能把大清朝的事業推向一個極致。

乾隆爺在登位之初，就雄心勃勃，立志不負爺爺康熙帝的厚望，做一個遠邁堯舜的聖明之君。為此，他大興改革，決意一改前朝弊政。

雍正朝最顯著的舉措就是反腐懲貪，整肅官場，鉗制言官，製造了三十多件文字獄案。

乾隆帝認為，先帝在文字上的禁錮太甚，遂一反先帝的做法，高舉「廣開言路」旗幟，要求各級官僚都踴躍上摺子奏事，暢所欲言。

然而，每當臣子的奏疏稍有觸及到時政或敏感話題，特別是有關乾隆帝本身的施政思想、施政行為的，乾隆帝都忍不住火冒三丈，斥責、追究、罷官、下獄，甚至判處死刑。

日後的一系列事實證明，乾隆所製造的文字獄高達一三〇多件，遠勝父親雍正，成為了中國古代文禍的空前高峰，也是最後一個高峰。

此外，乾隆帝對待父親雍正創建的另一項制度也很搞。

雍正能登上帝位，經歷過「九子奪嫡」殘酷血腥的生死搏殺，驚心動魄，誠為不易。

即使登上了帝位，仍是心有餘悸，不惜大開殺戒，果斷地除去那些曾經對他產生過繼位威脅的兄弟。

為了避免類似的慘劇不再重演，雍正創建了一個祕密建儲制，把繼位的皇太子名字寫入密封，藏匿在

匣內，再將匣子放在乾清宮「正大光明」的匾額下面。

這個制度，雖說是雍正創建，但並不是首創。因為，差不多在一千年前，波斯人就實施過這樣的制度了。波斯國王把繼位者的名字密封收藏好，死後再由大臣和眾王子共同啟封執行。不用說，這個制度消除了王子間結黨營私、為爭位互相殘殺的殘酷局面，相對來說，還是比較好的。

不過，雍正帝本人並沒能真正做到「祕密」建儲，因為，康熙帝愛乾隆、雍正帝更愛乾隆，天下人都知道，雍正藏匿在「正大光明」的匾額下的名字就是乾隆爺的名字——愛新覺羅．弘曆。

雍正十三年（一七三五年）八月，雍正帝去世後，內侍依照密封所書，愛新覺羅．弘曆波瀾不驚地繼承了大位，成了乾隆帝。

乾隆帝對這個祕密建儲制很不以為然。

但這個制度是父親鄭重其事地制定下來的，乾隆帝也只好照章辦事，在剛即位的第二年，即乾隆元年（一七三六年）七月，就當著總理事務大臣、九卿的面，把親自書定好的皇太子的名字密封好，命人藏匿到乾清宮「正大光明」的匾額下面。

乾隆當時寫的是誰的名字，當時沒有人知道。

但是，兩年後，謎底就揭曉了。

乾隆三年（一七三八年）十月，八周歲的皇次子永璉患傷風寒，一病不起，延宕數日，便早夭了。

乾隆帝悲傷之餘，情難自製，命人把藏在乾清宮「正大光明」匾額下面的建儲密旨取出，發了一道上諭，稱：「永璉乃是皇后所生，朕之嫡子，朕御極之後，恪守成禮，親書密旨，召諸大臣藏於乾清宮正大光明匾後，是雖未冊立，卻已命他為皇太子矣。今日既薨逝，一切典禮按皇太子儀注行。」

隨後，正式冊封永璉為皇太子，謚號端慧。

永璉夭折後，過了數年，乾隆又一次親手書寫好建儲密旨，命人藏匿到乾清宮「正大光明」的匾額下面。

這次，寫的又是誰的名字呢？

乾隆十二年（一七四七年）的除夕夜，乾隆帝又給出了答案。

在那個辭舊迎新、萬家團圓的夜晚，乾隆帝的皇七子永琮因出痘感染，永遠地離開了人世。

乾隆帝悲不自勝，潸然喟歎說：「嫡嗣再殤，看來是上天不肯讓我以嫡子繼統啊。想本朝自世祖章皇帝（指順治帝）至朕，均沒能以元後正嫡紹承大統，朕實在心有不甘，有意以嫡子承統，行先人所未曾行之事，邀先人所不能獲之福，這兩次悲慘遭遇，看來，都是朕造成的啊。」

人們從這番感慨裡知道，乾隆第二次祕密擬立的皇太子是元後富察氏生的第二個嫡子永琮！

原來如此！

「立嗣以嫡不以長，立嫡以長不以賢」是封建社會漢人的建儲制度，關外滿人原本並沒有這個傳統，乾隆帝的爺爺康熙帝曾經接納了這個制度，早早冊封了嫡長子胤礽為皇太子，但最後的結局以黯淡收場。以漢文化至上、並一生推崇爺爺康熙的乾隆也接納了這個制度，先後兩次都先立嫡子為儲君。

乾隆的思路既然是這樣，那就沒什麼祕密可言了。

所以說，乾隆表面上是履行了父親雍正創建的祕密建儲制，實際上卻是執行了漢人的嫡子繼承制！

因此，雍正那頗具神祕和神聖色彩的祕密建儲制被乾隆玩得一點意思都沒有了。眾王公大臣、其他皇子，均興味索然。

雖說皇后富察氏僅生兩子均夭折了，但她這年才三十五歲，年富力強，如果沒什麼意外，還會生出第三個、第四個，甚至第五個皇子的，到時，儲君人選還是她生的兒子。

乾隆帝的建儲之舉，實在是沒有太多的懸念。

但，意外還是出現了。

一個月後，乾隆十二年（一七四七年）二月初四，乾隆帝帶領皇后富察氏東巡。在眾泰山回濟南的路上，富察氏得了傷寒，竟在十一日夜暴斃了。

乾隆帝忽忽如狂，哭得不行，親自寫了一首《述悲賦》追述亡妻，極度悲哀。

回到京城，乾隆接連九天不理朝政。他還下令諸王以下滿漢文武官員一律齋戒二十七天為皇后舉哀，誰若不遵，或稍顯喜悅笑容，一概嚴懲不貸。

乾隆把自己的悲傷強加給別人，侵奪別人的歡樂，這是野蠻的、赤裸裸的強權行為。

富察氏死或不死，對普通老百姓來說，根本無關痛癢。

但富察氏的死或不死，對乾隆帝的兒子們來說，實在太重要了。

富察氏死了，豈不就意味著乾隆帝的選嫡之路已經斷絕？那其他皇子的機會豈不就來了？

所以，皇后富察氏之死，恰恰是眾皇子快樂的根源。

即在乾隆帝悲傷之日，正是眾皇子歡欣鼓舞之時。

這其中，最喜形於色的，莫過於庶妃富察氏所生的皇長子永璜。

按照漢人的立嗣制度，那是「有嫡立嫡，無嫡立長」。

永璜認為，「母后崩逝，弟兄之中唯我居長」，真是天助我也！

和皇長子永璜一樣明顯表現出喜悅之色的還有由庶妃蘇佳氏所生的皇三子永璋。

永璜、永璋的喜色極大地觸怒到了乾隆帝。

乾隆帝暴跳如雷、咆哮不已，指著他們的鼻子罵他們是無「人心之子」、「妄生覬覦」，直接給他們的政治前途判了死刑：「此二人斷不可繼承大統！」

也幸好乾隆帝的兒子都是綿羊式的乖乖子，不難想像，如果乾隆帝面對的是康熙帝的那一批狼虎之子，他這麼幹，必定會激起一番宮中的血腥的繼位人爭奪戰。

乾隆帝後來也意識到這麼做會引起的嚴重後果，森然告誡文武官員說：「自今而後，如有具奏當於阿哥之內選擇一人立為皇太子的，就是離間我父子、惑亂國家的國家罪人，朕必定把他立行正法，斷不寬貸！」

也從這一年開始，乾隆深刻地感受到父親雍正帝創建祕密建儲制的良苦用心、也充分地領略其中的妙處，不再急於確立繼位人，而是對眾皇子進行長時間的培養、和祕密觀察，從眾多兒子中選定了自己最看好的作為繼承人，藏封在「正大光明」匾下。

乾隆帝是個理想主義者，但生活教會了他接受現實。

第七章　嘉道咸三朝

發生在嘉慶八年的一場禁宮行刺案

金庸的封刀之作《鹿鼎記》中有一段關於「神拳無敵」歸辛樹攜兒子歸鐘潛入皇宮行刺康熙皇帝的情節，過程緊張激烈、驚心動魄。

歸辛樹是個虛構的人物，則歸辛樹行刺康熙皇帝的事自然是不存在的。

但，在清朝歷史上卻發生過與該情節極為神似的一幕，行刺地點就在皇宮，行刺者是父子二人，被行刺者不是康熙，而是嘉慶皇帝。

皇帝在大內禁宮遭遇刺客犯駕行刺，乃是「漢唐宋明未有之事」，稱得上是驚天動地。

且說，嘉慶八年（一八〇三年）閏二月二十日，嘉慶帝為了準備閏二月二十二日到先農壇親耕耤田的活動，從圓明園回宮齋戒。

乘輿進入神武門後，剛要進順貞門，突然從西大房閃出一人，手持短刀，惡狠狠地殺向乘輿。

儘管在神武、順貞兩門之間守衛有百餘名侍衛，但禁宮之內，百年未有這種不測之變，侍衛只成為一種擺設，大家眼睜睜地看著來人如鬼如魅、如風如電地襲來，全都手足無措，呆立當場，不知如何是好。

危急之中，嘉慶帝的侄子，定親王、御前大臣綿恩在第一時間作出反應：以身護主，奮力推卻。

刀光閃爍，刺客一刀捅入綿恩的前胸，待刀拔出，綿恩應聲倒在血泊之中。

在綿恩這一阻一推之間，喀爾喀親王拉旺多爾濟、喀喇沁公丹巴多爾濟、御前侍衛紮克塔爾等人大聲呼喝著，從四面迫上，將刺客團團圍住，合力捉拿。

嘉慶帝的乘輿因此避開了刺客的糾纏，飛快進入順貞門內。

在這一場短兵相接的激鬥中，喀喇沁公丹巴多爾濟身上多處掛彩，但終於將持刀刺客制服。而跟隨刺客同來的一年輕人則趁亂脫逃。

儘管嘉慶帝在這場變故中毫髮無傷，但危險就發生在向以守備森嚴的大內，卻也受驚不淺。此事也迅速在北京城傳播開來，舉朝驚怖未定，人心惶惶。

當日，嘉慶帝命軍機大臣會同刑部嚴審。

經過軍機處反復審訊，刺客開口招供，自稱姓陳，名德，年四十七歲，北京人，自幼隨父母為奴，後來，奴隨主遷，全家跟隨主人遷往山東青州。陳德長大成人，即在青州娶妻生子。陳德的父母病逝後，陳德重新攜妻子回京謀生，在富豪之家當廚役。前年妻子病故，陳德一人拉扯兩個未成年的兒子外，還要贍養八十歲的癱瘓岳母，生活日見困頓，陷入困境。到了這年二月，陳德失業，從富豪家出來，數次搬家，均找不到差事，從而想一死了之。二月十八日，陳德將在外當雇工的十五歲的長子祿兒帶回，父子團聚了兩天，便擬自尋短見。但陳德練有一身高強的武功，想到就此死去，不免藉藉無聲，枉自在世上走了一遭。於是起了行刺皇帝的心思，企求死得轟轟烈烈。

陳德直言：「我想我犯了驚駕的罪，當下必定奉旨，叫侍衛大臣們把我亂刀剁死，圖個爽快，也死個明白。實在並無別故，亦無冤枉，亦無人主使。」

陳德的確武藝超群，這一出手，便連傷數人，並在以一敵六的過程中將御前侍衛刺倒，著實令人吃驚。

而陳德的作案動機居然又是如此簡單，讓人大感意外。

一開始，嘉慶和眾審案大員均難以置信。但是，經過次日添派的滿漢大學士、六部尚書會審、第三日再增添九卿科道的會審，並對陳德加以重刑，再三推鞫，供詞並無改變。

由此，這樁驚天行刺大案只好宣告結案。

嘉慶帝下旨：「所有此案兇犯陳德並二子，即行公同按律定擬具奏，候旨施行，其餘俱行釋放，不可累及無辜。」

對於為什麼在這麼短的時間內結案，嘉慶帝在上諭中解釋：舉朝文武臣工，都如同是朕的兄弟子侄、至親骨肉。朕又怎麼忍心任由兇犯隨意誣陷牽扯到呢？況且，通過三次審訊，兇犯本來就沒有同黨和背後指使之人。本來嘛，天下之大，無奇不有，比如說，瘋狗咬人，並沒有人主使，鴟梟食母，又哪有什麼同謀者？如果朝廷只一味嚴刑審訊，只會逼迫犯人胡亂指證、誣陷好人。

此外，嘉慶帝還痛心疾首地引咎自責說：出現了這種事，朕也有責任。現在，朕所羞慚和恐懼的是良好的風化沒能推行，這也證明了朕有失德之處。從今而後，朕應當謹身修德，勤政愛民，自省己咎。

從處理此事的結果來看，相對於之前康、雍、乾三朝的嚴酷作風，嘉慶著實不失為一代仁君。

由是，參審諸臣擬定將陳德凌遲處死，二子一併處決，其岳母年已八十，免議。

一場本可以掀起滔天巨浪的驚天大案就此悄然平息，史書上也沒留下記載此事的太多筆墨。

嘉慶帝是被雷電劈死的？可以說是，也可以說不是

嘉慶帝是清朝的第七位皇帝，接管的是曾祖、祖、父開創下「康雍乾盛世」的大好局面，天下承平日久，他只要認認真真地做一個守成之君，就會成為和曾祖、祖、父一樣的皇帝楷模。

可是，嘉慶帝似乎很不幸。

作為一下太平天子，他多次遭受兵刀威脅、死裡逃生。

其中最兇險的兩次：

一、嘉慶八年（一八〇三年）二月二十日，嘉慶皇帝從圓明園回宮，在從神武門入順貞門裡，突然閃出一名男子行刺，嘉慶的隨從全嚇傻了，嘉慶小命差點不保。幸好大臣綿恩等人拼死相救，這才把刺客制服。

二、嘉慶十八年（一八一三年），有天理教徒殺上大內禁宮內，到處尋找嘉慶帝下手。不過，彼時嘉慶帝並不在宮內，官兵也很快把闖入宮內的天理教徒殲滅，總算是有驚無險。

屢次遇險，屢次逢凶化吉。似乎，嘉慶帝是個福大命大的人。

嘉慶帝自己也是這樣認為的。

俗話不是說，大難不死，必有後福嘛。

嘉慶二十四年（一八一九年）十月，嘉慶皇帝已經六十歲了，吃嘛嘛香，牙齒倍棒，身體倍好。

大壽當日，普天同慶。

嘉慶皇帝應大臣的懇請，從圓明園到西直門一共設了十三個經壇，請大批和尚、喇嘛誦經祈福。壽禮結束，嘉慶皇帝發現花銷太大，非常不高興，下御旨說：「將來朕七旬萬壽時，著軍機大臣存記：前一年提奏，不准個衙門，復行懇請建設經壇。」

不難看出，嘉慶帝對長壽非常有信心，辦七十大壽，不在話下。

的確，嘉慶帝六十年來，基本都沒生過什麼病。

而且，嘉慶的父親乾隆活了八十九歲，兩個哥哥儀親王永璿此年七十六歲，成親王永瑆此年六十九歲，身體依然健康，無論從自身身體素質來說還是從遺傳基因來說，活到七十歲，不是什麼問題。

轉年（嘉慶二十五年、一八二〇年）七月，對自己身體狀況極度自信的嘉慶帝按清廷慣例，率領王公大臣木蘭圍場秋獮。

秋獮制度始於康熙年間，主要目的是保持八旗官兵的習武本色，聯絡蒙古各部的王公貴族，鞏固北方邊防，有一定意義。

七月十八日，嘉慶帝從圓明園啟程，帶著皇次子綿寧、皇四子綿欣，還有王公大臣等人踏上了秋獮的征程。

一路上，嘉慶帝心情輕鬆愉快。

前往木蘭圍場的第一站是承德，從北京至承德走了七天時間。

二十四日上午，嘉慶帝一行抵達廣仁嶺，承德官員、蒙古王公在此迎駕。

嘉慶帝心情更加愉悅，下轎讓人牽來了自己的御馬，要策馬馳騁一番。

群臣勸阻，嘉慶卻不以為然地說：「朕體素壯。未嘗疾病。雖年逾六旬。登陟川原。不覺其勞。」

嘉慶帝的馬是維吾爾族部進獻的汗血寶馬，腳力輕捷，神駿非凡，很快就把隨從遠遠地甩開到後面。

說來也怪，本來晴空萬里的金秋季節，突然烏雲密佈，電閃雷鳴，隨從們從背後看見幾道霹靂電光在嘉慶帝周圍掠過，接著便是驚天巨雷，汗血寶馬受驚，騰跳而起，結果，嘉慶連人帶馬從山坡上滾翻而下。

眾人冒雨趨前，向來健碩的嘉慶皇帝渾身泥水，口鼻淌血，受傷嚴重。

當日，送到避暑山莊診治時，嘉慶皇帝畢竟是年過六旬的人，受此驚嚇，且身體已摔出內傷，眾御醫已經無力回天。

二十五日下午，嘉慶皇帝撒手人寰，臨終前既灑脫又帶幾分傷感地說：「古天子終於狩所，蓋有之

矣。況灤陽行宮為每歲臨幸之地，我皇考即降生避暑山莊，予復何憾？」

一國人君，突然遭此變故，群臣手足無措、惶恐莫名。

試想想，老皇帝活蹦亂跳著離京秋獮，半路卻出了這種大事，怎麼向天下人交待？最最令人束手無策的是，嘉慶帝原本身手矯健、騎術精湛，所騎御馬又是久經訓練的寶駒良馬，若說是無端墜馬身亡，先不說天下臣民是否相信，則隨行王公大臣也有難以推卸的責任；而若要與這場秋雨、與那幾道驚雷牽扯起來說，事情就更難辦了。

試想想，秋雨、驚雷、皇帝崩，這幾件事聯繫在一起，人們會想到什麼？儘管嘉慶帝並非真正死於雷擊，但三人成虎，人們一定會咬實是死於雷擊。遭受雷擊，那是遭受天譴，是十惡不赦的惡人應受到的懲罰，這太可怕了。

清朝有好幾任皇帝的死都不大尋常，比如皇太極，比如康熙，還有雍正，疑雲重重，充滿血腥味，屬於暴死，但史書的說法都四平八穩、冠冕堂皇。

對，那麼嘉慶帝的暴崩，也必須這麼處理。

於是，向天下頒佈的《嘉慶遺詔》，以及後來編成的《清仁宗實錄》、《清宣宗實錄》均談化掉了嘉慶帝的死因。

《嘉慶遺詔》只是含模其詞地說：「迨抵山莊，覺痰氣上壅，至夕益甚，恐克弗瘳。」

《清宣宗實錄》記載得就更簡單了：「遘疾三日，漸至大漸。」一語焉不詳。

清朝官方雖然拼力封鎖消息、鉗制言論，但隨行宦官、士兵、伶人高達數千，終有小道消息流出，天下為之譁然。

正如上面所說，嘉慶帝雖非真正死於雷擊，但清政府的掩遮行為讓民眾發揮了豐富的想像力。有一種說法，相當扯，說嘉慶帝長期嬖寵一小太監，在承德避暑山莊的「煙波致爽殿」殿后有一座小樓，名「雲山勝地」，嘉慶帝與小太監在樓上尋歡作樂，老天看不過眼，發雷把嘉慶帝劈死。嘉慶全身被燒成焦木，面目全非，無法收殮入棺，大臣們遂將一相貌體材與嘉慶相似之太監祕密絞死，盛裝打扮，真皇帝骸骨放在棺材底部，上面平躺著假皇帝屍體，以此掩人耳目，運回北京，祭葬了事。

這種說法，絕對是假的。

嘉慶皇帝已經是六十一歲的人，怎麼可能出現這種下作行為？

但嘉慶帝死得如此突然，以至於連棺材都沒有預備好也是事實。

當時，隨行的王公大臣們讓人將北京宮中預備的壽宮連夜運到承德。

而且，嘉慶皇帝死後，人們在正大光明匾後面沒有發現裝有繼位詔書的小金盒。嘉慶隨身攜帶的那個小金盒子也不知道放在哪了。根據嘉慶帝身邊的軍機大臣戴均元墓碑上所刻，嘉慶死後，諸臣驚慌失措，戴均元和托津兩人帶著內侍翻檢了皇上用的十幾個箱篋，都沒找到什麼遺囑，最後才從這個近侍身上找到了小金盒子，但沒有鑰匙。托津把鎖擰開，才從盒中找出了建儲遺詔，宣佈由皇二子旻寧繼承皇位，即道光皇帝。

由於這其中種種突然的變故，道光皇帝到了八月初二日，才公開發佈嘉慶駕崩的事，告知朝廷上下。當時朝鮮國官員在盛京中江地方見清官員皆著素服，頭帽拔去花翎，驚問其故，才曉知皇帝已逝。

難得的清朝好皇帝，卻被一個漢族大臣拼命往陰溝裡帶

清宣宗道光皇帝愛新覺羅・旻寧是清朝第八位皇帝，也是清朝唯一以嫡長子身分繼承帝位的皇帝。

旻寧出生在乾隆四十七年（一七八二年）八月初十。

那天清晨五六點鐘，旻寧降生了。

太監興沖沖地跑到乾清門向正開早朝的乾隆皇帝報告，說皇十五子永琰（即後來的嘉慶皇帝）的福晉（嫡妻）生了個小阿哥。

乾隆帝有上百個孫子，這種喜訊聽得多了去。但聽說這個小阿哥降生，還是禁不住眼前一亮，笑顏逐開。

為什麼呢？

因為乾隆帝早已將永琰密立為皇太子了，永琰的長子剛剛夭折，乾隆帝正為皇家統緒繼遞心存憂慮呢。這個小阿哥的出生，而且是嫡子的身分出生，他豈能不高興?!

再說了，乾隆本來就很羨慕漢家的嫡長子繼承制度，只不過自己立不出嫡長子，現在，既然已經內定了永琰為太子，以後永琰就可以立這個嫡長子為帝嘍。

後來的事實也的確如此，嘉慶帝永琰就以旻寧為太子。

旻寧當了皇帝後，史稱「有清一代，皇帝嫡出者，只此一帝」。

無論乾隆還是永琰，對旻寧的培養都很嚴格。

小旻寧六歲就開始讀書了，每天早上四點就被太監從睡夢中叫醒，抱進書房溫習功課。六點，天濛濛

亮，師傅才到來授課。下午，文化課授課結束。但旻寧還得繼承學滿語，練騎射本領，到日落才能休息。

著名漢學家趙翼曾在軍機處值夜班，看到旻寧等皇子披星戴月、秉燭勤讀的情景，大為感觸，說：「我朝諭教之法，豈惟歷代所無，即三代以上，亦所不及矣」！

就在這樣的強教育下，旻寧成為了文武雙全的全才。

乾隆五十六年（一七九一年）八月，年僅十歲的旻寧隨祖父乾隆帝行圍，居然射得小鹿一隻，圍場之上歡聲雷動。

乾隆帝大喜，黃馬褂一襲、翠翎一支，還專門為此事做了一首詩。

清朝的李孟符在《春冰室野乘》中記，乾隆帝一時口快，要賞旻寧黃馬褂，但當時並沒有小孩子穿的黃馬褂。沒有黃馬褂，旻寧就長跪不起。沒辦法，乾隆只好就讓人拿來了個成年人的黃馬褂給他穿上。結果，「裾長拂地，不能行」，是一個衛士把小旻寧抱上了馬。

嘉慶十八年，天理教徒攻進紫禁城，有五六名天理教徒攀上養心殿對面御膳房的房頂。在其他皇子紛紛逃避的情況下，旻寧提著支鳥槍出來，對著房頂「啪」的一槍，一名教徒中彈墜牆而亡。旻寧接著裝填彈藥，發現沒帶有彈丸，緊急之下，扯下胸前的金扣子，裝入槍膛，再次射擊，將另一名手執白旗，似在指揮的頭目打落。其他天理教徒見受到阻擊，紛紛退下陣來，旻寧於是指揮禁軍乘勢追捕，有驚無險地結束了這次驚變。

嘉慶帝大為高興，稱讚旻寧「忠孝兼備」，封和碩智親王，其御槍也賞賜了一個封號，叫「威烈」。

旻寧繼位後，以鐵腕政策平定了回部匪酋張格爾之亂，並興起了一場清查陋規的大型活動，很是有一番作為。

現在我們看清朝諸帝畫像，道光皇帝骨骼清奇，瘦骨嶙峋，形如枯槁。

這跟道光皇帝恪守祖宗成憲、崇尚節儉是有很大關係的。

道光皇帝從即位那一天起，就多次提到自己要「敬天法祖」、「恪守成憲」。他說：「規模制度、典冊具存，朕何敢更易？一守成憲，猶恐不及，何好惡之有？」

道光帝的節約還真不是只掛在嘴上說說，他是真的那樣嚴格要求自己。他不像乾隆那樣喜歡到處去遊蕩，而是在宮裡仔細盤算各項花費的用度，計算出最低的花費，然後交給內務府，讓他們按這個標準去辦。

就拿平定了回部匪酋張格爾之亂後犒賞功臣來說，道光設宴招待，但二十個人擠在兩個桌子上，每一桌只有五六個菜，大家都不敢舉箸，怕菜吃光了，皇帝的面子下不來。當天，功臣們一個個餓著肚子退了席。

道光還規定，儘量減少節慶，皇帝生日、皇后生日、除夕、元旦、元宵節、冬至的慶祝活動一律取消，以防止浪費，節省開支。某年，道光心血來潮，要給皇后過個生日，宴請群臣，可是，宴席上，每個人卻只給上了一碗打鹵麵。

這樣的節儉的皇帝，別說是清朝，就算是中國的歷朝歷代，都屬罕見。

除了節儉，道光也很勤政。

可是，套用他的祖父雍正皇帝的一句話：「朝廷用人乃頭等大事，其餘皆為枝葉。」

道光是一個本質很好的皇帝，卻遇上了一個專把他往陰溝帶的漢族大臣，結果把國家弄得江河日下，國事日非。

這個漢族大臣名叫曹振鏞。

道光皇帝於道光元年（一八二一年）就封曹振鏞太子太傅，隨後又封為武英殿大學士，對之倚重萬分。

但曹振鏞卻是一個奉行「多磕頭，少說話」哲學的奸滑型人物，糊弄道光皇帝不說，還不斷向道光帝灌施許多荒唐思想。

比如說，道光帝某次跟曹振鏞說起，大臣的奏摺總是空洞無文、長而不當。曹振鏞就說，皇上您以後也不用看完全文，只要從中挑出一些小毛病，然後狠狠斥責他們一頓，他們必定戰粟不堪，從此不敢大意。道光帝照著去做，果然弄得臣下心驚膽戰，不敢輕易上書言事。

可以說，曹振鏞的做法是「導君以昏」。

還有，道光厲行節儉，不但宮內的嬪妃沒有新的衣服穿，他自己的龍袍也帶補丁，所有衣服都破舊不堪。

曹振鏞為拍道光的馬屁，也給自己的新褲打上補丁。並且有意無意地顯擺給道光看。

某天奏對完畢，道光和曹振鏞拉起了家常，問曹振鏞：「你的套褲也打補丁了？」

曹振鏞故意裝出一副愁苦相，答道：「回皇上，換件新的花費太多，還是打個補丁好。」

道光帝頗有同感地點點頭，隨口問：「你的褲子打一個補丁得花多少錢呢？」

這一問，可把曹振鏞問住了。猶豫了片刻，硬著頭皮說：「約需三兩。」

胡扯，這絕對是胡扯。以清道光年間的白銀匯率折算，當時的一兩銀子相當於現在的八百八十元人民幣，三兩，那可不是天價？買新衣服也不知能買多少套了。

可是，道光帝卻幽幽地歎了口氣，說：「外間打補丁真便宜，我這內務府打補丁，竟要五兩銀子。」

這邊的群臣聽了這對君臣的對話，啼笑皆非。

還有一次，道光問曹振鏞早上在家吃了什麼。

曹振鏞不假思索地回答道：「臣在家吃了四個雞蛋出來的。」

娘希匹！

道光帝聽了，差點沒從龍椅上蹦下來。

原來，內務府的人敲詐皇帝，打補丁要五兩銀子，買個雞蛋，也要五兩銀子。道光帝認為雞蛋太貴，從不捨得多吃。偶爾要吃，也不過吃一個兩個。聽曹振鏞說一餐吃了四個，驚叫說：「你也太浪費了，你這四個雞蛋下去豈不是二〇兩銀子都沒了？朕都捨不得多吃雞蛋！」

雞蛋價，曹振鏞多少是知道一點了，市場上買，也就幾錢一個，他知道這是內務府的人搞的鬼，卻不願揭穿，騙道光說：「沒有，臣吃的雞蛋是自己家裡養的母雞下的，不是買來的，沒有浪費。」

道光聽說，這才轉怒為喜，隨即盤算著在宮裡也養幾隻母雞來節省開支。

改日，內務府買回母雞了，卻也「花了」好幾百兩銀子。

看，道光皇帝就這麼為了國家節衣縮食，但卻被以曹振鏞為首的一幫臣子、奴才耍得團團轉，國家哪能治得好呢？

曾國藩曾批評道光時代：「九卿無一人陳時政之得失，司道無一折言地方之利病，相率緘默。」「以畏葸為慎，以柔靡為恭。」「京官之辦事通病有二：曰退縮、曰瑣屑。外官之辦事通病有二：曰敷衍、曰顢頇。」

一念之差，錯定儲君候選人，清朝國運從此走向衰敗

奕訢是道光帝第六子，也是道光帝最喜歡的兒子。

當年，道光帝多次想立他為皇太子。

但是，大家都知道，道光帝還是立了第四子奕詝（即後來的咸豐帝）為帝位繼承人。

奕訢聰明好學，讀書功課比奕詝好，滿蒙漢三種語言文字全部精通，騎射刀槍功夫也很出色，曾創槍法二十八勢，刀法十八勢，道光皇帝分別賜名曰「棣華協力」，和「寶鍔宣威」，並賞賜給他一柄白虹寶刀。

奕訢可謂能文能武。

奕詝小時候騎馬把腿摔折了，是個瘸子；還得過天花，臉上佈滿了麻子，而且貪圖享樂，愛好女色。

道光為什麼最終選奕詝不選奕訢？

說法有多種，一種說法是奕詝的母親深得道光寵愛，卻死得早。道光愛屋及烏，思念愛妻深切，就要立奕詝做皇帝。另一種說法，說道光在寫祕密立儲的時候，太監遠遠窺視到道光在寫最後一筆時一筆寫到了底。由於奕訢的「訢」字最後一筆就是一豎，而奕詝的「詝」字最後一筆要寫回環彎鉤，所以太監就猜出是要立奕訢。消息不脛而走，道光聽說後，很不高興，為了不讓外人猜中，就改成了立奕詝。還有一種說法，說道光病重了，要咽氣的時候，派人傳六阿哥奕訢交代後事。偏偏奕訢不在，來的是奕詝。道光在昏迷中交待了一句，就立你為皇太子。於是奕詝就成了皇太子。以上三種說法來自野史傳說，並不可靠。

清朝自雍正帝建立「祕密立儲制」後，皇太子都是早早立好，祕密收藏，並與皇帝的遺詔相結合，同具法律效力的。

而道光臨終前立有正式書面遺囑，不但明確定奕詝為皇儲，還說明了立奕詝的原因：「（奕詝）秉性仁孝、植德貞醇」。

怎麼見得奕詝是「秉性仁孝、植德貞醇」呢？

《清史稿・杜受田列傳》記載了一件軼事，很能解釋這一點。

道光想立奕訢，但奕詝是事實上的長子（奕詝本是第四子，但前面三個都夭折了），有點拿不定主意。恰巧皇族要到南苑騎射，道光就準備借這個機會考量一下這哥倆的長短。奕詝的老師杜受田覺察出了道光的意圖，他深知奕訢的騎射功夫好，奕詝是不能取勝的，就想了個主意，要奕詝「藏拙示仁」，到時既不上馬，也不射獵，等道光詢問了，再如此如此、這般這般地回答。不用說，當天，奕訢射獲的獵物很多，得到了父親的讚賞。奕詝卻兩手空空。道光就很鬱悶，知道你腿腳不好，但也不至於交白卷啊？你到底怎麼回事？奕詝就按照老師教的，撲通一聲跪下，說，現在是春天，正是鳥獸牲畜懷孕的時候，我要把牠們射死了，連牠的沒有出生的幼畜也射死了，這是不仁，我不忍心這麼做。道光一生都追求做仁君，一聽，覺得這孩子具備儒家「仁」的思想，就祕密選定他做皇太子了。

不過，作為補償，道光把定奕詝為皇太子的朱諭藏入「儲位緘名金匣」裡面時，也專門寫了一份封奕訢為親王的朱諭同藏一處。

這，是清朝家法前所未有的現象。

還有，道光二十八年（西元一八四八年），道光還親自作主，讓奕訢迎娶熱河都統桂良之女為嫡福晉。

道光駕崩後，十重臣公啟錦匣，按裡面的御筆兩諭，立皇四子奕詝為皇太子，封皇六子奕訢為親王。

奕詝即位，是為咸豐帝。

由此可見，咸豐得登帝位，並非自己有多聰明，有多大能力，而全仗老師杜受田指點為。能力方面，遠不能與奕訢相比。

咸豐也有自知之明，奉道光帝遺詔封奕訢為「恭親王」後，多方倚重奕訢。

咸豐三年（西元一八五三年）正月，恭親王奕訢奉旨管理中正殿、武英殿事務。九月九日，署理領侍衛內大臣，參與京城巡防事宜。十月初七日，奉旨在軍機處行走，打破清代皇子不得干預政務的祖制。

咸豐五年（西元一八五五年），奉旨總理行營事務。二月，奉旨賞穿黃馬褂。

咸豐七年（西元一八五七年）五月，補授鑲紅旗蒙古都統；又命管理鑲紅旗新舊營房事務。

咸豐十年（西元一八六〇年），英法聯軍進攻北京，咸豐帝逃往承德，丟下奕訢，讓他留守都城。奕訢極力與英使、法使周旋，簽訂《中英北京條約》與《中法北京條約》，挽救了清王朝的命運。

咸豐帝十一年（一八六一年），咸豐帝駕崩，奕訢與兩宮太后聯合發動辛酉政變，成功奪取了政權，得授議政王之銜，在軍機處擔任領班大臣。

為了增強鎮壓太平天國和抵禦外侮的能力，奕訢重用曾國藩、左宗棠、李鴻章等一批能臣，並支持他們搞洋務運動，以興辦軍事工業為重點，也興辦民辦工業。

中國近代工業從此起步。

可以說，奕訢不但是晚清的名王重臣，還是晚清新式外交的開拓者、近代工業創始者。

在奕訢的努力下，清廷與列強得以維持和局，順利借師助剿，鎮壓了太平天國，贏來了同治中興。

奕訢也因此獲得「賢王」美稱。

不過，慈禧在清除盡了朝中元老勢力後，就集中火力打擊奕訢，罷黜他一切職務，瓦解他的黨羽。致

使奕訢晚景淒慘，於光緒二十四年（西元一八九八年）溘然病逝。

回頭試想，如果道光帝當年欽點的是奕訢，慈禧就不可能干政，大清國運也不會如此迅速地走向衰落。而如果是奕訢當國，以其的才幹和見識，洋務運動可能會與日本明治維新相似，清朝國力提升，再續命上百年也未可知。

偷兒偷腦袋，竟成了鴉片戰爭中的最大戰績

一八四〇年六月，鴉片戰爭打響，英國主力艦隊開往舟山洋面，從浙江入侵。

鄞縣學者徐時棟親歷兵火塗炭之難，撰有《偷頭記》，並作有《鬼頭謠》。

《鬼頭謠》所詠為當時偷兒斬殺洋鬼子腦袋的奇聞異事，中有句云：「鬼頭紛紛落如雨，偷兒作客官作主。鬼頭個個入功簿，偷兒作商官作賈，主客喜歡，鬼子氣苦。」

徐時棟作《鬼頭謠》和《偷頭記》的目的，是驚歎於「偷兒夜竊鬼頭之力」、及「其術奇幻不測」。

《偷頭記》被徐時棟的學生陳康祺收入《郎潛紀聞三筆》中。

陳康祺稱：西洋人是在道光二十一年八月庚戌日攻陷我們明州的，直到第二年三月乙亥日才棄離郡城而去，兩天之後，一併棄離鎮海。當時將軍奕經、參贊文蔚等人，張惶誇耀戰功，稱自己收復了寧波府城上報朝廷。於是，皇上下詔按照功勞獎賞各位有功將士，分等級進行提升。其實，寧波得以收復，全賴偷兒徐保、張小火及其同黨共六十人的力量。我的老師徐時棟的文集中作有《偷頭記》一篇，記錄詳細、準確，現在我刪節錄轉錄在這，並不是想要揭露將軍奕經、參贊文蔚等人的過失。

《偷頭記》全文所記為：西方英國人佔據寧波府，我軍襲攻不能收復，大將軍則屯軍於紹興府，以前

鄞縣的縣令舒恭綬（星庵）先生在大將軍軍中。一日，軍士綁縛回一名英軍間諜，正準備推出去斬首。舒先生細察那人，認得他是寧波府中擅長偷盜的偷兒，有些同意他。就對他說：「你因為偷盜將要被處死，為什麼不因為偷盜而謀求生存呢？」偷兒聽他話中有話，就問舒先生：「因為偷盜而謀求生存——此話怎講？」舒先生於是替他指了一條明路：「洋鬼竊據我寧波郡城，你既擅長偷盜，不妨偷盜幾顆鬼頭回來，讓我在大將軍跟前替你求情，並重重獎賞你。」聽了舒先生的建議，偷兒慨然允諾，潛入寧波城偷頭而去。不久，偷兒果然提著一顆洋鬼子的腦袋獻上。舒先生將他介紹給大將軍，大將軍大喜過望，重重地獎賞了他。偷頭有賞！這消息一下子驚動了當地的小偷界，眾小偷紛紛出動，偷頭來獻。有人收購、又有人採購，這麼一來，便形成了市場，官府與小偷間議定下了「鬼頭」的價格：「黑鬼二十千」為二〇銀元，「白鬼四十千」為四〇銀元，活捉則加倍。

從此，寧波府城城牆被挖掘出許多洞穴，每當黃昏日暮，整個寧波府城內遍佈偷兒。

英國人佔據了府城，每夜必派夷兵巡視街巷。往往，兩名夷兵一前一後行走，彼此打趣談笑，走在前面的人笑聲剛歇，後面的人已忽然失聲。等前面的人扭頭看時，後面的人已經丟失了腦袋，砰然向前摔倒。前面的人嚇得魂魄俱散，身體僵硬，很快他的腦袋又被人用刀割去。

有巡夜的夷兵遠遠看著前面有穿著與自己相同服飾的人走來，不以為意，走近了要打招呼，哪料一柄透著寒光的短劍已迅捷有力地捅入了自己的心臟。

割頭之外，更多的是被生擒。

那些被生擒的夷兵，多數是被人從後面用布袋套住，從兩頭擰緊，背負到幽靜偏僻的地方，五花大綁，再縋出城外。

城頭上也有夷兵巡守，通宵不息。偷兒也打這些夷兵的主意。他們用長藤結成一個扣，悄悄潛伏在城外，等巡城的夷兵走近，就故意發出一些千奇百怪的聲音，引誘夷兵倚城垛俯視，只要夷兵的腦袋伸出，藤扣則從半空中甩下，緊扣夷兵的腦袋，用力一拽，夷兵便凌空翻了一個跟頭，重重摔下。

一時間，偷頭之風越來越盛，加入到偷頭隊伍的人越來越多，而偷頭的技術也越來越高明，很多奇策秘術，旁人難得其詳。

英夷叫苦不迭，懼意日增，一夕數驚，最後，盡率其屬，登舟他去。

大將軍於是以自己已收復了寧波府城為功，上報朝廷了。

陳康祺認為，這種雞鳴狗盜的伎倆，屢遭到通曉軍事的人的鄙視，前線的指揮官又沒有獨立的指揮權，武官倚仗以前的功勞而驕傲，文官則墨守陳規而無所作為，最終不得不由偷兒上陣，替堂堂王師收復郡城，這不能不說是朝廷的悲哀。

實際上，與三元里抗英的情形一樣，人民，才是取勝的根本，任何一場戰爭，只要與人民站在同一立場，與人民並肩作戰，就一定會取得最後的勝利。

《鴉片戰爭之研究》中記，英國軍隊在退出寧波府城時還發了一道告示，大斥清軍「私調匪黨兇手，往來拐掠，如獻首級，即行厚賞，及給頂戴為官」，指責清軍玷辱大國國體。

英國士兵賓漢在所著的《英軍在華作戰紀》中也記載有英軍在佔據寧波時因為屢屢被偷頭而充滿恐懼的文字：「我們佔據寧波的後半期，一種拐騙我們的軍隊的風氣已經很盛行了。被拐走的人有四十二名之多，其中有幾個人遭到最野蠻的殺戮宰割，別人被放在杭州府作為俘虜。」

《鴉片戰爭檔案史料・五》也記，偷兒除了呈獻首級之外，共生擒了英國人十六名，其中十三人押禁

在杭城，三人押禁在紹興。

根據茅海建先生的《天朝的崩潰》一書的統計，在第一次鴉片戰爭中，英軍在戰場上歷次傷亡人數統計如下：

一、虎門大戰，英軍無人陣亡，付出的代價僅僅是：五人輕傷。
二、廣州城外的烏湧口之戰，英軍共計八人受傷，僅一人死亡。
三、廈門之戰，英軍僅陣亡一人，傷十六人。
四、廣州之戰，英軍無人死亡，僅六人受傷。
五、鎮海之戰，英軍死亡三名，受傷十六名。
六、浙江大反攻，英軍戰死三人，受傷二十二人。
七、三元里抗英，英軍共有五人死亡，三十二人受傷。
八、乍浦之戰，英軍死九人，受傷五十五人。
九、鎮江之戰，英軍陣亡三十九人，受傷一二九人，失蹤三人，損失達到了鴉片戰爭期間、此次戰鬥之前歷次戰鬥的總和。

以上各次戰爭，不難看出，清軍最輝煌的戰績是鎮江之戰，殲敵人數已達到了此前各次人數的總和。但，殲敵僅三十九人，給英軍造成的損失還是不如寧波城的偷兒。一句話，偷兒偷腦袋，竟然成為了鴉片戰爭中的最大戰績。

太平天國「第二號人物」含冤死在北京菜市口

咸豐元年（一八五一年）秋，太平天國撲騰出了一個小高潮，洪秀全乘官村之戰的勝利，水陸並進，攻陷了永安州（今廣西蒙山縣），分封五王，其中楊秀清為東王，蕭朝貴為西王，馮雲山為南王，韋昌輝為北王，石達開為翼王，部隊發展至四萬之眾。

消息傳入朝廷，咸豐帝大為震怒，詔令欽差大臣賽尚阿不惜一切代價全殲反賊，立奏膚功！

賽尚阿於是將永安城團團圍住，憋足了勁要來個甕中捉鱉。

這一憋，就憋了好幾個月，甕中的「鱉」卻遲遲沒有捉出來。

咸豐火了，一再諭令賽尚阿抓緊行動，務必將反賊「全數殲滅，或追剿盡淨」。

咸豐還下了死命令，說，如果抓不到「首逆」，則「朕唯知將賽尚阿重懲不貸」！

按清律，凡督師大臣有心貽誤軍機者「斬立決」，失誤軍機者「斬監候」（即判處死刑，秋後處斬）。

賽尚阿素有能臣幹吏之稱，沒有辜負咸豐的期望，於咸豐二年（一八五二年）四月向京師發回捷報（《收復永安州生擒逆首摺》）——稱已經擒獲太平天國第二號人物「天德王」洪大全！

連同捷報一併呈上的是《洪大全的自述》（《天德王洪大全陳情破賊表》）。

《洪大全的自述》大致內容為：我是湖南衡州府衡山縣人，年三十歲。父母俱故，並無弟兄妻子。自幼讀書作文，屢次應試，考官不識我文字，屈我的才，就當和尚，飽看兵書，三代以下，唯佩服諸葛孔明用兵之法。就想一朝得志，趨步孔明用兵，自謂得天下如反掌。數月前游方到廣東，遂與花縣人洪秀全、

馮雲山認識。洪秀全設立天地會名目，馮雲山在廣西拜會，兩人勾結了平南縣監生韋正即韋昌輝，廣東人蕭潮潰、楊秀清等，招兵買馬，到處造反，將會名改為上帝會。我在廣西，洪秀全為賢弟，我為天德王，一切用兵之法，請教於我。我自稱為太平王，楊秀清為左輔正軍師東王，蕭潮潰為右弼又正軍師西王，馮雲山為前導副軍師南王，韋正即韋昌輝為後護又副軍師北王。我叫洪秀全為大哥，其餘所有手下的人，皆稱我同洪秀全為萬歲。我叫馮雲山等皆呼名字。歷次打仗，洪秀全多有請教我的。我心內不以洪秀全為是，常說這區區一點地方，不算什麼，那有許多稱王的，且他仗妖術惑人，那能成得大事？我暗地存心藉他猖獗勢子，將來地方得多了，我就成我的大事。他眼前不疑心我，因我不以王位自居，都叫人不必稱我萬歲，我自先生之位。其實我的志願，安邦定土，比他高多了。他的妖術行為，古來從無成事的。且洪秀全貪於女色，有三十六個女人，我要聽其自敗，那時就是我的天下了。至我本姓，實不是姓洪，因與洪秀全認為兄弟，就改為洪大全的。所供是實。

從這份供詞來看，這個洪大全確實是個大人物，——「我叫洪秀全為大哥，其餘所有手下的人，皆稱我同洪秀全為萬歲。我叫馮雲山等皆呼名字」，可以說，是和賊首洪秀全平起平坐的謀主了。

不過，賽尚阿在奏捷承認，洪秀全一夥已經從永安竄出。這個，咸豐自然很不滿意，但，畢竟捉獲到洪大全這個大傢伙，也就睜一隻眼閉一隻眼算了。

咸豐隨即著令賽尚阿火速獻俘北京。

負責押解人犯的官員戶部員外郎丁守存在經過河南信陽州，卻又給刑部送上一份《洪大全上咸豐表》。

該奏表所述和《洪大全自述》雖然大略相同，但細節多有差異，讓人疑竇叢生。

比如說，關於洪大全的姓名，永安供稱「至我本姓，實不是姓洪，因與洪秀全認為兄弟，就改為洪大全的」。《上咸豐表》卻自稱：「罪臣洪大全」，強調本來就姓洪。

又比如說，關於洪大全的籍貫，永安供稱洪大全是湖南衡州人，不過「游方到廣東」而已。《上咸豐表》卻說洪大全「生在嶺南，長在湖南」。

再比如說，關於洪大全參加起事過程，永安供稱洪大全游方到廣東結識洪秀全馮雲山就合夥起事，《上咸豐奏》卻說先是拒絕洪秀全的邀請，到欽差大臣李沅星軍營投效，遭李辱罵後到山中自縊，被胡以晃所救，引見給洪秀全。

再再比如說，關於洪大全的封號，永安供稱「尊我為天德王」，表示是洪秀全所尊，地位與洪秀全相等，《上咸豐表》卻說是被洪秀全「封」為天德王，洪大全成為了洪秀全的下屬。

為什麼會這樣？

咸豐帝大惑不解。

禮科掌印給事中陳壇適時地給出了解釋。

陳壇上了一份《時事艱難疏》，在奏疏中加了一張附片（大臣在奏事時將一些不方便寫在奏疏上的文字另外寫在一張紙條上附上），說：「廣西拿獲賊匪偽軍師洪大全，經賽尚阿遴派隨帶司員步軍統領衙門員外郎聯芳、戶部員外郎丁守存檻送來京，計四月內可到。維我朝故事，凡解京正法者，皆實係逆首方可示天威而昭武功。今聞洪大全不過供賊驅策，並非著名渠魁。從前查奏逆首姓名亦並無此人。嗣因賊眾竄出永安，於無可如何之時，不得不張惶裝點，藉壯國威，並以稍掩已過。臣愈以為京師之耳目易掩，而天下之耳目難欺。且恐逃匪聞而竊笑，愈以張其玩侮之心。」

陳壇的話讓咸豐帝大感沮喪，卻又不得不承認其言之有理。

的確，太平天國起事已經一年多了，督師大臣歷次查奏太平天國領袖的名單裡面都沒有「天德王洪大全」的名字，怎麼突然間在永安州慘敗後就冒出這樣一個人來呢？而且，太平天國首義六王都與洪秀全認為兄弟，但其他五王均保持原姓，沒理由偏要洪大全改姓呀。《洪大全自述》稱「至我本姓，實不是姓洪，因與洪秀全認為兄弟，就改為洪大全的」，根本講不通嘛。《上咸豐表》咬實了洪大全本來就姓洪，根本就是在為《洪大全自述》在作更正。還有，太平天國的領導者都是兩廣人，《洪大全自述》卻說洪大全是湖南人，太說不過去了。於是《上咸豐表》就趕緊解釋成了「生在嶺南，長在湖南」，說洪大全是廣東人，與洪秀全是同鄉，這不是在為《洪大全自述》擦屁股又是什麼？最最讓人一眼洞穿其詐的是，《上咸豐表》刻意把洪大全參加起事的時間說成金田起事後兩個月，為什麼要這樣做？分明就是想縫補永安突圍以前廣西督師將帥多次訪查太平天國領導人姓名並無「洪大全」的漏洞。以至於不得不把洪大全的地位由之前洪秀全尊奉改為了「封」。

種種跡象看來，這事兒十有八九是欽差大臣賽尚阿「因賊眾竄出永安，於無可如何之時，不得不張惶裝點」所做的好事！

咸豐基本同意了陳壇「今聞洪大全不過供賊驅策，並非著名渠魁」的意見，傳諭內閣說：該給事中另片奏賊偽軍師洪大全擬請毋庸解京等語。洪大全籍隸衡州，係從賊夥黨，原非首要之匪。現既檻送在途，仍著解到京師，以憑訊究。

四月二十四日，人犯押至京師，咸豐著令軍機大臣刑部會審。

會審結論與永安《洪大全供》、《上咸豐表》大略相同，不，嚴格來說，是更接近《上咸豐表》，比

如說，對於之前《洪大全供》、《上咸豐表》出現的相異點，會審結論不但和《上咸豐表》保持驚人的一致。甚至對《上咸豐表》中所表達不清楚的地方作出了具體細緻的解釋。

《洪大全供》稱洪大全本不姓洪，《上咸豐表》明確了是姓洪，則會奏不但確認了姓洪，還記明撫養洪大全長大的胞叔就是姓洪的洪雲秀。而在永安《洪大全供》中稱洪大全是湖南衡州人，《上咸豐表》改說他「生在嶺南，長在湖南」，會奏就介紹得特別詳細，說洪大全是廣東南海人，自幼隨胞叔洪雲秀到湖南衡陽去。至於造反起事過程，會奏也印證了《上咸豐表》中洪大全由胡以晃介紹結識洪秀全參加起事的說法。

這種作假，也作得太明顯了。

事情到了這一步，咸豐為了顧全大清朝的體面，也不便發作，只好借坡下驢，判處洪大全剮刑，明正典刑，搞了個轟轟烈烈的監斬儀式，將此事拉倒。

真是好不掃興。

咸豐曾私下詢問押解洪大全的丁守存，道：「你跟著賽尚阿到廣西主要負責什麼工作？」（汝隨賽尚阿到廣西當何差使？）

丁守存：「營中大小事務都有參與商討，但主職是寫機要文件。」（營中大小事均和衷商辦，臣專司折奏要件。）

咸豐：「你所寫奏摺都是有事實根據的嗎？」（汝辦摺子是憑什麼？）

丁守存：「所根據的都是底下報上來的，還有就是大營總部情報部門提供的情況，才敢酌情奏報。」（所憑者各營稟報，與大營專弁探報，方敢酌量入奏。）

咸豐：「這些上報和情報都可靠嗎？」（稟報、探報靠得住麼？）

丁守存：「臣也知道不可能百分之百可靠，打了勝仗，多少會做些鋪陳敷染，打了敗仗，多少會做些填缺補漏，此乃體制不得不然。臣實在不敢欺瞞皇上，但大致來說，十分之八的真實性是有的。」（固知不能全靠得住，勝仗少有敷衍，敗仗少有彌縫，亦體制不得不然。臣固不敢欺蒙皇上，然其中實情亦止有八。）

不用說了，點到為止。

咸豐完全知道是怎麼回事了。

賽尚阿呀賽尚阿，你這個老滑頭……但是，老滑頭就老滑頭了，又能怎麼樣？丁守存不是說了嗎？「此乃體制不得不然」，況且，自己也煞有介事地將這個所謂的「洪大全」當作大犯、要犯、首逆來辦理了，如果這時候再懲罰賽尚阿，豈不是會推倒自己之前的結論？自己豈不是很沒面子？

算了，算了。

實際上，事情並沒有這樣就算。

一八六五年清政府為了誇耀剿滅太平天國的「聖功」，編纂的一部名為《平定粵匪紀略》的官方「平叛史」，主編此書的幹將之一就是丁守存。

丁守存不但在這部著作中竭力渲染洪大全的重要性，還大行明貶實褒之能事為誇讚自己。如，在其中的「陣擒偽天德王洪大全檻送京師」一節中，就借洪大全之口說出極其肉麻的話：「不料汝等能以我至此，吾休矣！然亦罪有應得，此必丁某之計，何毒也！」地球人都看得出丁守存寫「此必丁某之計，何毒也」此語的真正用意所在。

此外，丁守存還用自己的真名寫了一部《從軍日記》，再化用一個「江左明心道人」的筆名寫了一篇《發逆初記》，把洪大全是太平天國「第二號人物」的事寫死寫實，利用一切機會大吹大擂許「丁某」的「大功」。

《發逆初記》一書寫得最為傳神。說洪大全被擒逆至帥營，賽尚阿問其：「是楊秀清麼？」答：「楊秀清是我臣崽。」又問：「你是何人？」答：「我是天德王。」賽尚阿即擊掌說：「這就是洪秀全矣。」其人見合營驚駭，便說：「我非洪秀全，洪秀全是我兄弟，我名洪大全。我好飲酒，我弟洪秀全好色。我肯屈膝，弟則不能，弟已無路可去逃，如今我去勸其投順，必能聽從！」

丁守存還在《發逆初記》中抓刀作了兩首《西江月》詞，謊稱是洪大全的作品，其詞云：

一、寄身虎口運籌工，恨賊徒不識英雄。妄將金鎖縛飛鴻，幾時舒羽翼，萬里御長風。
一事無成人漸老，壯懷待要問天公。六韜三略恨都空，哥哥行不得，淚灑杜鵑紅。

二、踞身高臥日光紅，愁煞英雄，悶煞英雄，壯情都付碧荷筩。非是謀窮，非是途窮。
仰天籲氣化長虹，萬願皆空，萬恨皆空，多時受制綠林中，大命將終，大運將通。

《平定粵匪紀略》則記：「洪大全性極狠忍，被磔時，開目自視臠割，至刃刺心頭，一呼痛而已。」又說洪大全在臨刑前賦詩兩句：「漢兒盡作胡兒語，爭向城頭罵漢人。」

實際上，丁守存在押洪大全上京前，為防止洪大全說上實情，已用藥將之毒啞了。

也就是說，在京師的會審結論，其實是軍機大臣和刑部尚書共同捏造出來的。

這些大臣，為什麼敢撒這樣的彌天大謊？

這當然也是「體制不得不然」。

會審洪大全的首席大臣祁雋藻既為賽尚阿知交好友，又窺承了聖意，當仁不讓地為同寅回護，拼命替賽尚阿掩飾圓場、把戲碼做足、把戲唱好，使得太平天國的所謂「第二號人物」就這樣「含冤」死在了北京菜市口。

因祖墳被挖，太平天國東王楊秀清做了洪秀全的刀下冤鬼？

話說，任江北大營幫辦軍務大臣的勝保於咸豐三年（一八五三年）授欽差大臣，在山東高唐州截擊太平軍北伐，俘獲一名太平軍頭目。該頭目為了免除一死，同時也為了顯示出自己存在的價值，就把自己所掌握到的太平軍的一切資訊都告訴了勝保，沒有掌握或者根本不知道的也通過想像加推理，胡說一通，竭盡所能，匯聚起龐大而繁雜的信息量，一古腦地砸向了勝保。

其中，該頭目透露出了一條重大線索，說太平天國的東王楊秀清是湖南耒陽人，家住耒陽城外西鄉三角坪，父親名叫楊大鵬，是個敢玩命的主，曾因糧稅問題和朝廷對抗，後來被朝廷處斬了。

這麼重要的資訊，勝保一刻也不敢耽擱，當即馳奏朝廷。

咸豐帝正被太平天國攪得大傷腦筋，驀然間揪到了太平天國頭領的老底，不由得兩眼放光，命人急諭時任湖南巡撫的駱秉章，讓駱秉章查明情況，以將楊秀清一家九族鎖拿進京。

駱秉章不敢怠慢，趕緊安排衡永郴桂道張丞實速往耒陽查訪。

張丞實很激動，認認真真地查察了好些天，結果大為洩氣。

不錯，耒陽城外西鄉三角坪是有個叫楊大鵬的人，此人本姓歐陽，的確因抗糧被殺了，但並沒有叫楊秀清的兒子，他的兩個兒子，一個叫楊石來、另一個叫楊二來，還有一個養子，名叫鐘紹宗，都被楊大鵬的事牽連下獄。

張丞實的工作做得很細，還反復調查了楊大鵬的祖宗三代及旁支親屬。

這個楊大鵬原是耒陽縣西鄉啞子山人，曾祖、祖父、父親三代均屬於獨子單傳，到了楊大鵬這一代，才有兄弟三個，兩個弟弟名叫楊大鴻、楊大鳩，也同樣因為楊大鵬的事被關押在監獄，而楊大鴻、楊大鳩並沒有婚娶，沒生育有子女。也就是說，楊大鵬家並沒有無子侄親屬在外年久未歸者。

由此可見，說楊秀清是楊大鵬之子，純屬謠傳。

張丞實為了做到萬無一失，又遍查耒陽西鄉除楊大鵬一家外，還有無姓楊的人。

查來查去，只查到縣北門城外楊平龍一戶是姓楊的。

但這楊平龍在家耕田，老實本分，有三個兒子，年紀還很幼小，且調核其宗譜，譜中並無楊秀清的名字。

由此，可以進一步證實，稱楊秀清是楊大鵬之子，的的確確是謠傳。

鑒於此，張丞實將調查結果一五一十地向駱秉章做了彙報。

但是，張丞實這麼一調查，在當地引起了不小的恐慌。

離楊大鵬所居住的三角坪不遠，有一個叫蘇家巷地方，這個地方有一個名叫梁人泰的老人，已經六十九歲，聽說官老爺在查訪姓楊的人，內心很不踏實。

梁人泰本人雖然姓梁不姓楊，但他死去的老婆卻是姓楊的。

姓楊，只是死去多年的老婆，又不是楊秀清，為什麼不踏實了？

說來話長。

這個梁人泰和前妻楊氏在嘉慶十八年生有一個兒子，取名宗清，乳名禾乃。楊氏死後，梁人泰又續娶了嚴氏。逆子梁宗清不能接受，於道光十九年離家出走，至今杳無音信，會不會，現在太平天國的楊秀清就是逆子梁宗清？

梁人泰越想越害怕。

他覺得，逆子梁宗清生性頑劣，凶狡殘暴，完全有可能在外面闖蕩並加入「長毛」，以母姓為姓，改名「楊秀清」！

乖乖不得了，如果這事兒被朝廷查出，非遭受「族誅」不可。

想到這，梁人泰再也坐不住了，立刻自首。

聽說有人以楊秀清生父的身分來自首，駱秉章便和「師爺」左宗棠親自審理此案。

本著求實的態度，駱秉章和左宗棠又找來了耒陽縣知縣張濟遠詳細查詢了梁人泰的為人。

五鄉四鄰的人反映，梁人泰是個老實巴交的老農民，三天不放一個屁，現在擔任地方保充團長，他的逆子梁宗清出走多年，是不是現在的逆匪楊秀清，難說。

在沒有確鑿證據的前提下，駱秉章和左宗棠不便治梁人泰的罪，只把情況據實向咸豐帝作了報告，然後把案子壓了下來。

當然，事情不能這樣算了。駱秉章密飭衡陽縣教諭吳宏肅就近改裝易服潛往該處詳細查訪。

這一查訪，兩年時間就過去了。

這兩年內，也俘獲了許多太平天國的人員，這些人員對楊秀清的出身籍貫也搞不大清楚，有人說楊秀清是廣西壯族人，也有人說是廣東人，不一而足。置於「楊秀清」這三個字是否楊秀清的原用名，誰也說不上，所以，楊秀清是不是梁宗清，仍是個謎。

咸豐四年，案情終於有了重大發現。

湖南常德有一個士紳，和楊秀清同姓，也姓楊，名叫彝珍。

這個楊彝珍很不願意楊秀清也姓楊，內心一直希望楊秀清就是梁宗清。說來了巧了，他在常德看到太平軍貼的佈告上楊秀清的銜名為「禾乃師贖病主左輔正軍師東王楊」。娘的，這「禾乃」，可不就是梁宗清的乳名嗎?!而且，「禾乃」二字相合，不就是「秀」嗎？這個梁宗清，變父姓梁為母姓楊，又用乳名「禾乃」合成「秀」字代替「宗清」的「宗」，瞞誰呢？以為別人看不出！

楊彝珍是「翰林院庶起士」，有功名在身，可以直接上書朝廷。

於是，楊彝珍繞開了駱秉章，把自己的推理發現鄭重地上奏給了朝廷。

楊彝珍的推理果然有道理！

咸豐帝大筆一揮，下令毀掘梁人泰家族的祖墳！

挖祖墳就可以毀風水，讓這一家子倒盡祖宗八輩子大黴。

可也真甭說，這風水一毀，不過短短幾個月時間，這一年的九月二日，「天京事變」發生，楊秀清被殺掉了。

哈哈哈哈！

得此消息，楊彝珍以勳臣自居，寫詩慶賀，云：

塚遁金蛇孽運終，連天烽燧遂銷紅。
不矜一紙神通力，恐掩熊羆百萬功。

楊彝珍同年好友俞樾驚喜之餘，也作文鄭重記錄了此事。

後來的湖廣總督官文主修、漢官杜文瀾在主編《平定粵匪紀略》時，也煞有介事地記錄了楊彝珍的「豐功偉績」。

事實果真如此嗎？

答案是否定的。

楊秀清，一八二三年出生於廣西桂平市紫荊山平隘新村，父親楊亞齊，母親古氏。和湖南的梁人泰並沒有半毛錢關係，根本就不是什麼梁宗清！

那麼，為什麼太平軍的佈告裡會出現楊秀清銜名「禾乃師贖病主左輔正軍師東王楊」呢？

其實，「禾乃」乃是太平天國教義中的一種宗教稱呼。

洪秀全在《欽定前遺詔聖書》中講得很明確：「今當禾熟之時，即得救之候。朕是禾王，東王禾乃。禾是比天國良民，禾王、禾乃俱是天國良民之主也。」

刨祖墳後楊秀清就被殺，純屬歷史巧合。清廷不知，空遺笑料傳後世。

血歷史87　PC0682

新銳文創
INDEPENDENT & UNIQUE

清朝真的很有事

作　　者　　覃仕勇
責任編輯　　杜國維
圖文排版　　周妤靜
封面設計　　王嵩賀

出版策劃　　新銳文創
發 行 人　　宋政坤
法律顧問　　毛國樑　律師
製作發行　　秀威資訊科技股份有限公司
　　　　　　114 台北市內湖區瑞光路76巷65號1樓
　　　　　　電話：+886-2-2796-3638　傳真：+886-2-2796-1377
　　　　　　服務信箱：service@showwe.com.tw
　　　　　　http://www.showwe.com.tw
郵政劃撥　　19563868　戶名：秀威資訊科技股份有限公司
展售門市　　國家書店【松江門市】
　　　　　　104 台北市中山區松江路209號1樓
　　　　　　電話：+886-2-2518-0207　傳真：+886-2-2518-0778
網路訂購　　秀威網路書店：http://www.bodbooks.com.tw
　　　　　　國家網路書店：http://www.govbooks.com.tw

出版日期　　2017年9月　BOD一版
定　　價　　300元

Printed in Taiwan

國家圖書館出版品預行編目

清朝真的很有事 / 覃仕勇著. -- 一版. -- 臺北
市 : 新銳文創, 2017.09
面； 公分. -- (血歷史 ; 87)
BOD版
ISBN 978-986-95251-1-4(平裝)

1.清史

627 106013649

讀者回函卡

感謝您購買本書，為提升服務品質，請填妥以下資料，將讀者回函卡直接寄回或傳真本公司，收到您的寶貴意見後，我們會收藏記錄及檢討，謝謝！如您需要了解本公司最新出版書目、購書優惠或企劃活動，歡迎您上網查詢或下載相關資料：http:// www.showwe.com.tw

您購買的書名：________________________________

出生日期：________年________月________日

學歷：□高中（含）以下　□大專　□研究所（含）以上

職業：□製造業　□金融業　□資訊業　□軍警　□傳播業　□自由業

□服務業　□公務員　□教職　□學生　□家管　□其它____

購書地點：□網路書店　□實體書店　□書展　□郵購　□贈閱　□其他

您從何得知本書的消息？

□網路書店　□實體書店　□網路搜尋　□電子報　□書訊　□雜誌

□傳播媒體　□親友推薦　□網站推薦　□部落格　□其他________

您對本書的評價：（請填代號　1.非常滿意　2.滿意　3.尚可　4.再改進）

封面設計____　版面編排____　內容____　文／譯筆____　價格____

讀完書後您覺得：

□很有收穫　□有收穫　□收穫不多　□沒收穫

對我們的建議：________________________________

____

____

____

請貼
郵票

11466
台北市內湖區瑞光路 76 巷 65 號 1 樓
秀威資訊科技股份有限公司 收
BOD 數位出版事業部

（請沿線對折寄回，謝謝！）

姓　　名：＿＿＿＿＿＿＿＿＿　年齡：＿＿＿＿　性別：□女　□男

郵遞區號：□□□□□

地　　址：＿＿＿＿＿＿＿＿＿＿＿＿＿＿＿＿＿＿＿＿＿＿＿＿

聯絡電話：(日)＿＿＿＿＿＿＿＿＿＿(夜)＿＿＿＿＿＿＿＿＿＿

E-mail：＿＿＿＿＿＿＿＿＿＿＿＿＿＿＿＿＿＿＿＿＿＿＿＿

U0069540